教育从何处出发

汪正贵 著

中国人民大学出版社
·北京·

图书在版编目（CIP）数据

教育从何处出发 / 汪正贵著 . -- 北京：中国人民大学出版社，2021.9
ISBN 978-7-300-29768-2

Ⅰ . ①教… Ⅱ . ①汪… Ⅲ . ①教育学 Ⅳ . ① G40

中国版本图书馆 CIP 数据核字（2021）第 165171 号

教育从何处出发
汪正贵　著
Jiaoyu Cong He Chu Chufa

出版发行	中国人民大学出版社		
社　　址	北京中关村大街 31 号	**邮政编码**	100080
电　　话	010－62511242（总编室）		010－62511770（质管部）
	010－82501766（邮购部）		010－62514148（门市部）
	010－62515195（发行公司）		010－62515275（盗版举报）
网　　址	http://www.crup.com.cn		
经　　销	新华书店		
印　　刷	北京华宇信诺印刷有限公司		
规　　格	168 mm × 239 mm　16 开本	**版　　次**	2021 年 9 月第 1 版
印　　张	17.5　插页 1	**印　　次**	2021 年 10 月第 2 次印刷
字　　数	250 000	**定　　价**	68.00 元

目 录

序·李希贵 / 001

第一辑　学校是一个什么地方

那个被称作学校的地方 / 005

学校不会因为一场大火而毁灭 / 012

学校内部关系的再生产 / 018

学校的第四维度空间 / 025

学校的隐喻 / 031

学校是一个什么地方 / 035

从自由走向自主 / 041

记得那年初相遇 / 051

从相遇走向相依 / 056

关系的意味 / 064

不真实校园生活的非教育性 / 068

借用学生的视角重新打量学校 / 074

第二辑　可能性是教育者的信仰

追寻教育的温度　/ 083

教育的隐喻　/ 093

教育中的平庸之恶及其他　/ 098

电脑派位入学的伦理思考　/ 102

可能性是教育者的信仰　/ 111

聪明不是一种智力的美德　/ 116

游戏的童年　/ 121

重视技术课程的教育价值　/ 127

韩日教育行记　/ 135

第三辑　因未知而学，为学习而教

以课程视角观照课堂教学　/ 147

因未知而学，为学习而教　/ 158

重建实践性教学范式　/ 167

表现性任务是逆向教学设计的硬核　/ 175

培养未来美好世界的设计者　/ 182

TOK 告诉我们什么　/ 186

我们能从电子游戏中学到什么　/ 194

在线学习给我们的启示　/ 200

也谈浙江省高考满分作文　/ 206

第四辑　教育从何处出发

重新发现儿童 / 217

300 年前的教育信札 / 221

成人应该成为儿童的被告 / 226

回首已是百年春 / 234

世上已无陶行知 / 241

教育从何处出发 / 247

教学是无止境的相遇 / 251

警惕教学中的主体性神话 / 264

重建学校的异质性 / 269

序

/ 李希贵 /

这本《教育从何处出发》是汪正贵校长从教几十年来上下求索的结晶。拿到这本书后，一个“带长铗之陆离兮，冠切云之崔嵬”的求索者的形象即浮现在眼前。

正贵是一个酷爱读书的人，历史是他的专业，这个专业让他养成了在历史的轴线上思考当下的习惯。一般人熟视无睹或者习以为常的现象、事件、问题，他都不会轻易放弃，他会不断追问其来自何方，欲去何处，以及对当下的意义。当然，这也不可避免地给他带来了诸多苦恼和困惑。大部分人可能到此为止了，而正贵的可敬之处就是随后永不放弃的求索。从这本书的一些篇目中，我们可以发现他对一些问题思考的长度，当然从中也自然看到了他思想的宽度、深度和厚度。因而，在他身上显现的读书人的特征尽管特别突出，但远没有他的善于思考耀眼。

正贵还是一个特别缜密的人，无论是他的思考还是他的处事。在我认识的朋友中，他的条理性、逻辑性可谓出类拔萃。而且他同时还拥有特别突出的开放意识，他接受新的思想、学习各方经验、消化多元信息，其尺度之大令人叹服。他曾经自谦，说是到北京后希望把自己清零。说实话，我第一次听到这一说法时，着实有些害怕，因为他身上早就有了值得我们学习的教育的情深、管理的意切。自30岁起便担任校长工作的历练，让他拥有了常人没有的深沉、从容和淡定，这不仅十分难得，也完全可以使他百尺竿头更进一步。读完正贵的这些文章，我的这一感受更加强烈。

与历史学科有关，也无关，正贵始终如一的表现，让我不自觉地把他作为“人文精神”的形象大使。他的善良，让他拥有了一个教育工作者的根基。他时时处处对师生天性的关照、包容、呵护，他在面对诸多矛盾、冲突时的选择，他对学校利益、教师利益和学生利益的处理，都让我看到了他尊重人的价值、关心人的利益的情愫。

文如其人，这本《教育从何处出发》不仅从根本上回答了如何不忘教育初心的问题，而且还从多个维度告诉我们教育的未来方向，同时在娓娓道来中提醒我们，哪里有教育的暗流和管理的陷阱。正贵的思考、缜密和人文情怀，都在书中表露得淋漓尽致。

写到这里，我想到了正贵在他的博士论文中说过的一句话。他说：“在价值追寻的路上，我们应当脚踏实地，扎根现实，聚焦问题，并从中寻找实践智慧。”他如是说，也如是行。我衷心祝愿正贵校长以此为新的起点，不断升华自我，给中国的教育带来新的气象，栽大木以拄长天。

2020年12月16日

第一辑

学校是一个什么地方

那个被称作学校的地方

时间的本质是节奏和顺序，空间的本质是关系和秩序。

学校不仅是一个地方，也不只是一个场所，还是一个具有丰富意义的空间。空间不空，它不是空无一物的虚无，也不仅仅是一个装置或容器，其本质是关系和秩序。学校空间是学校场域中，物与物、物与人、人与人之间的关系与秩序的综合表征，是师生共同建构的多维度的关系与秩序的总和。

学校是一个多维空间的复合体，既有物理空间，也有社会空间和精神空间，在网络信息时代，它同时又具有网络空间的特征。多维的学校空间是由师生及其活动共同建构与生产出来的，同时学校空间又反过来影响着师生的活动与成长。

如何更加全面地认识学校空间的价值，加强对学校空间的管理，提升学校空间的领导力，是值得我们关注的话题。我们首先将视角放在学校的物理空间上来讨论。

一、学校空间中物与物的关系

学校的物理空间是指物理边界所标识的自然空间。学校的围墙、建筑、道路、设施设备，以及校园的美化、绿化景观等，构筑成学校的物理空间及空间内容，直接反映的是校园内物与物的关系与秩序，间接反映的是校园里物与人的关系和秩序。

学校的物理空间并不是静态的存在，承载的也并不仅是建筑、设备、道路等本身，还承载着人的活动，在与人的互动中产生意义。处理物理空间中物与物的关系，本质上是处理物与人的关系。学校空间管理就是调整和重构这些关系与秩序，使之更好地服务于学校的教育教学活动。

学校物理空间管理的第一层关系是物与物的关系，关涉的是物理空间的功能性问题。学校的物理空间因功能而存在，它是为满足学校的教育教学活动需求而设计和建构的。在管理过程中，我们应该注意处理好动与静的关系、内与外的关系、分与合的关系、公共空间与私密空间的关系等。

学校物理空间要能分能合，有分有合。分比较好解决，合则不易。北京十一学校在 2010 年将教师的办公室、实验室、会议室等空间重新整合利用，建成符合选课走班要求的学科教室，实现了人、空间与教学资源的整合。科学学科教室与实验室整合，实验台、仪器设备进教室；人文社会学科教室与学科阅览室整合，配备了相关的学习资源；食堂和厨艺教室整合；等等。每一间教室既是学科教室，又是教师的办公室，同时还是学生上课和自习的地方。

2015 年餐厅改造后，十一学校的学生餐厅除了供师生就餐之外，还被赋予了学习中心的功能。学生可以在这里读书自习，师生可以在这里开展各种教育教学活动，举办报告会、研讨会、表彰会等。餐厅本来是利用率相对较低的空间，现在具有了复合性的功能，利用率大大提高。

学校里有很多利用率低的空间，我们需要最大限度地发挥其功能，避免将空间固化为只具备单一功能的场所。空间虽是相对固定的，功能却可以复合。比如，体育馆可以将篮球架吊在天花板上，用时放下来，不用时收上去，地面空间随时可以根据需要加以改造；体育馆的看台座位、报告厅的座位，前几排可以设计为可移动的，师生可以根据需要临时改变空间的大小和结构，进而改变空间的功能；甚至剧场的舞台也可以不是固定的，师生可以根据需要改变其形状和大小。

青岛中学采用的是分布式和弥漫式的图书馆布局。学校不再建设独立的中心图书馆，而是将图书分散到校园的不同地方，以便师生使用。每层楼都有一至两个阅览室，包括人文阅览室、科学阅览室、小学阅览室等。这些阅览室既是师生读书的地方，也是学生自修和老师上课的地方，实现了空间的功能整合。另外，每一间学科教室都是一个微型图书馆，配备了相应学科的图书，图书由学科教师自主选购、随时购置，最大限度地实现了图书资源对教学的支持，实现了师生与图书资源的零距离对接。

青岛市崂山区金家岭学校的建筑面积约 12 万平方米，有将近一半的空间是在地下，这极大地拓展了有效空间，而且通过自然光的引入，让人并无身处地下空间的感觉。楼顶则建成环形跑道，真的可谓“上天入地”。整个楼群无缝连接，师生进楼后可以到达任何一个空间，充分实现了空间的连通性。

我们可以通过整合、重构、连接的方式处理好物理空间中物与物的关系，最大限度地利用空间资源，以满足师生教育教学活动的需求。

二、学校空间中物与人的关系

学校物理空间管理的第二层关系是物与人的关系，关涉的是物理空间中物与人的相遇与对话。物理空间是人为建构的，反过来，物理空间又会对人的行为及感受产生影响。

比如，友好的外部空间应该有秩序，有怡人的环境，开阔而安静。2011 年，我去美国的一所私立男校参观。校园很大，环境优美，非常开阔，特别宁静，好似学校在公园中，公园在学校里。大片的草地，特别养眼。这所学校包括小学三年级到十二年级，只有六百多个学生，一百多位教师，却有着包括高尔夫球场在内的大片的运动空间。

对中小学校来说，多大规模是合适的？我问过美国的一位校长，他告诉我，在一所学校中，校长能叫得出每一位学生的名字，这所学校的规模就是合格的。在美国，很多中小学校只有几百个学生；在中国，则有万人超级中学。

一个年级多大规模是合适的？管理学理论告诉我们，恰当的管理幅度最大是 12 个人，一般是 5 至 7 个人。所以，一个年级最好是 12 个教学班以内。

一个班级多大规模是合适的？有人开玩笑说："40 个学生在 84 平方米的教室里学习，学生要有爱因斯坦的智力，老师要像苏格拉底那样有智慧。"目前我们青岛中学的教学班学生数在 20—24 人之间。实行小班化教学后，教学方式的变化才有可能发生。

与国外相比，我们的许多校园空间相对逼仄。其实，生活环境对人的性格、心情、气质和行为都有很大影响，对人的身心健康也至关重要。拥挤、嘈杂的生活环境容易让人产生焦虑、浮躁的心态，甚至引发自我身心冲突，延及人与人之间的思想和行为冲突；安宁、宽松的环境有利于人们形成从容、大度、平和、健康的身心状态。比如，高楼会给人压抑感，逼仄的空间会给人压迫感；平原地带、山区和海边的人的性格各有不同，某种程度上也与自然环境有关。

友好的学校内部空间应该充满人文关怀和细节感，温馨而舒适。我们可以通过对墙壁、地面的设计，对颜色、声音和光线的处理，营造安静、整洁、舒适、人文化、有安全感的内部空间。例如，阅览室要营造安静的氛围，需要对光线、地面进行细节设计；研讨室则要采用相对明快的色调，营造令人兴奋、激活思维的氛围。走道要宽阔，上下楼梯要分流。学校空间内的设施设备应适应不同年龄的儿童。低学段的教室、活动室和走道的家具要多用圆角，以保护低龄儿童。青岛中学的室内外空间的所有坡均采用缓坡，不用台阶，就是为了方便低龄儿童无障碍地跑、跳。

人文关怀体现在对细节的设计上。星巴克的桌子是圆的，因为据相关研究显示，与方桌子相比，独处的顾客在圆桌子边更容易获得身体上的放松。北京清华长庚医院医生诊室的桌子都是圆角的，因为与方角桌相比，圆角桌更能让求诊的患者放松。教室也可以考虑多用圆角桌，这对学生也是一种安全防护。

人们在面对学校空间中的无生命物体时，常带有主观的感受，这是空间对人的影响。在师生停留时间最久以及可能存在压力的地方，比如教室、办公室、卫生间等空间，尤其要做好细节的处理和对空间的营造。空间会说话，这是一种无言的诉说。它诉说着一种关系，一种秩序。总之，学校物理空间要以人为中心，友好且具有人文性。

三、学校空间与学习和学习者的关系

学校物理空间管理的第三层关系是空间与学习、空间与学习者之间的关系。学校是学生学习的场所，因此学校的物理空间设置要以学习为中心，服务于课程和学习。空间设计不仅要注重以教学为中心，更加要注重以学习为中心，以支持项目学习、合作学习等若干种学习方式；不仅要注重正式学习空间的设置，也要注重非正式学习空间的设置，让学习随处发生，让学习可见；还要注重学习空间的灵活性和适应性，使技术使用和交互成为可能，通过技术手段提升空间的学习功能。在青岛中学，全覆盖的校园无线网络、走道内的自助打印设备、图书馆的自助借阅设备，为学生学习提供了技术支持。空间成为学生的学习助手。

学校空间为课程和学习服务，甚至空间本身就是课程。比如，在青岛中学，天花板都是原生态的，教室没有吊顶，也没有任何装修，各种管道线路均裸露在外，学生可以看到建筑的内部结构，可以看到强电、弱电、消防、新风、冷热水管线的布设和走向，这本身就是课程。这样的风格不仅环保、节约成本、便于维修，也增加了内部空间的高度，同时对建筑质量也是一种无形的制约。

以学习为中心，也意味着以学习者为中心。在有些学校里，你会感觉学生并不是学校空间的主人，有些地方学生无权使用，比如，电梯只有教师才能乘坐，会议室不允许学生使用等；学校空间也是以成人的视角和需求来设计的，主要考虑成人的需要。在北京十一学校的学生手册中有这样的规定："在符合相关管理规则的前提下，学生在每天下午自由活动时间，享有和教师平等使用学校公共区域场地、教室、会议室及其他硬件软件设施的权利。"十一学校的报告厅和会议室，师生平等地在网上预订；学校的电梯、咖啡屋，师生同权使用，充分体现了学校是学生的学校。

我想起当年在安徽省马鞍山市第二中学工作的时候，我们为教师修建了一个书屋，书屋有三面落地玻璃，采光很好，教师可以在里面读书、喝茶、交流。经常有学生驻足张望，但这是教师专属的场所，是学生的禁地。学校工会将这间书屋命名为"后乐书屋"，刚建成时还没有做好匾牌，只是在门口临时贴上一张用 A4 纸做的名牌"后乐书屋"。有一天我经过时，看见有学生在"后乐"两个字上画了一个不大不小的问号，意思是这也叫"后乐"吗？

当然，并不是说学校不可以给老师建设专属空间，而是同时要考虑到学生的公共空间需求，在公共空间中给学生留下一席之地，以支持学生之间、师生之间的合作与沟通，包括非正式交往。我们还可以为学生提供个性化的“自我”空间。在青岛中学，我们设置了专门的“ME 空间”。它相对封闭，只能容纳一到两个人，可以满足学生的个性化空间需求。

学校是学生和教师共同栖息的场所，必须以学习者为中心，以学习为中心；学校是一个有机的空间，必须有色彩、温度、触感，让师生身心舒展，自由呼吸。学校的物理空间要充满生命的气息，承载学生的青春气息。有的学校内部空间建设得非常高大上，但却让人感受不到校园的氛围、学生的气息，缺乏人气和人文性。其实，这就是因为没有将空间的使用权让渡给学生。

记得第一次去北京十一学校的时候，我受到的最大的冲击就是视觉冲击，教学楼内贴满了学生的各种活动海报，墙上挂的是学生的各种作品，让人觉得这所学校是学生的学校。在青岛中学和青岛实验学校，公共区域的大白墙上，到处是学生的手绘作品，风格虽显稚嫩，但学生的气息扑面而来，让人觉得温馨、亲切和自然。人们真切地感受到，学生是这所学校的主人。这才是真正的学校。

学校不会因为一场大火而毁灭

学校是师生心灵赖以依归的精神家园和栖息之所。

参访北京的一所国际学校时，学校的学术总监谈到一个话题，他说，假如有一天，不幸一场大火将一所学校的建筑烧了个精光，那么请问：学校还在吗？除了师生，学校还留下了什么？

这的确值得我们思考：学校究竟是什么？

一、学校是一个精神所在

一所真正的学校不会因为一场大火而毁灭，即便学校的建筑被烧光了，如果学校的精神和价值理念被保留下来，学校就还在，师生就可以重建学校。

这使我想到西南联大。当年故国沦陷，但学校的精神不灭，师生辗转数万里，易地办学，薪火相传。

从这个意义上说，学校不是指特定的校园、特定的建筑等物理空间，而主要是指学校的精神空间、核心价值观和精神文化。因此，学校其实是一个精神所在。

如果说学校的物理空间是显性的外在空间，那么学校的精神空间则是隐性的内在空间；如果说学校的物理空间是固态的，那么学校的精神空间则是气态的，它弥漫在学校的物理空间之中，人们看不见、摸不到，却又分明可以清晰地感知到。

学校的精神空间是由学校的价值理念与学校文化组成的空间。学校的价值理念、文化氛围和精神特质，学校师生的精神风貌、气质特征、心理感受与状态等，构成了学校的精神空间及其内容。学校的精神空间集中反映了学校中人们的精神状态，体现了人与自我、人与他人的关系。

学校的精神空间既是师生涵养精神气质的地方，也是师生心灵赖以依归的精神家园和栖息之所。

一所好学校有其独特的气质，或者叫个性、性格、精神特质。比如，清华大学的校训——“自强不息、厚德载物”，陈寅恪提出的追求“独立之精神、自由之思想”等，作为学校精神，弥散在学校的物理空间中，渗透在师生的精神世界里，凸显在师生的言行举止中。学校的精神空间潜移默化地润泽着师生的精神气质，形塑着师生的价值取向与追求，形成学校的文化之根和精神血脉。

学校应当是一种精神空间，是一个神圣的精神世界。学校空间是滋养学生精神和气质的场所，被赋予生命和教育的意义。学生带着单纯的信仰、内心的期望跨进学校之门。“这种预感、期待和憧憬，这种使万物获得活力的精神和气息，尽管飘动在被煤烟熏黑的房间里，也会使学童爱他的学校。真正的学校精神……不是通过外部姿态表现出来的……儿童上学时所带着的信仰和信念、期望和预感将使一切教育得以实现。”①

从这个意义上说，“唯有精神才会使学校成为真正的学校，使教室成为真正的教室”。什么是学校，学校为什么是必要的，就有了答案。“切

① 福禄培尔. 人的教育 [M]. 孙祖复，译. 北京：人民教育出版社，2001: 94.

莫忘记，教授和介绍多种多样的知识本身不能使学校成为真正的学校。”[①]现在社会上有许多教学机构，但真正的学校却非常少。我们应该将学校和教室打造成学生精神成长的空间，而不仅仅是传递知识的地方。评价一所学校不是看它的物理空间，也不是看它的升学成绩，而是看它有一种什么样的精神气质，并且是否因为这样一种精神气质而使它获得生命和活力。

二、学校精神空间的形成是学校价值观确立与践行的过程

学校精神空间的形成是长期的过程，如春风化雨，润物无声，本质上是学校价值观的确立与践行的过程。北京十一学校确立自己的价值准则与行动纲要后，始终如一地践行自己的价值观。这些价值观是对教育的根本信念与价值追求，是学校的教育哲学。

有一年，十一学校因为远翥楼改造，将艺术楼的 708 教室作为学校临时的会议室和接待室，隔壁是一间音乐教室。学生经常在这里练习乐器，常常是鼓乐齐鸣，但是学校领导从来不会以影响开会和接待为由，去指责学生，或者要求学生停止训练。这看似小事，其实正是学校对“学生第一”价值观的践行。学校的价值观和文化，不是嘴上说出来的，而是长期做出来的。言行一致，言传身教，贯穿始终，平时渗透在细节中，在价值观有冲突时旗帜鲜明地昭示出来。

现代社会是个液态社会，一切都在流转，变动不居。我们因此更需要坚守一些不变的东西，这个不变的东西就是学校奉行的价值理念与精神追求。我们要以不变的价值追求应对变化的社会和时代。

有人说，学校要与社会保持一定的距离，也是这个意思。学校不应被

① 福禄培尔. 人的教育 [M]. 孙祖复，译. 北京：人民教育出版社，2001: 97.

社会潮流所绑架，被时尚所裹挟，而是要与之保持一定的距离，坚守不变的价值观。学校应引领社会，而不应迎合时尚、追逐潮流。

现代社会是一个价值多元的社会，社会和家庭对教育有着不同的利益诉求。学校需要有核心价值观来平衡这些多元诉求。青岛中学在办学大纲中有这么一段话："青岛中学视学生成长为第一利益。当学校利益、教师利益、家庭利益与学生成长的利益发生冲突时，我们必须毫不犹豫地选择服从学生成长的利益。"

开学初，青岛中学与每一位家长签署共同行为准则，达成价值共识："青岛中学与家庭携手，全力培育美满家庭的营造者和社会进步的领导者，并为此建立共同的行为准则……我们绝不奢望满足所有人的教育诉求，我们只寻找有共同价值观的家庭合作……我们心无旁骛，全心全意于学生培育，不理会外在的评头论足，全心全意关注学生的感受和需求。"

面对多元的诉求，我们需要坚守核心价值观。这些核心价值观昭示了我们信仰什么，珍视什么，对我们来说什么才是最重要的。只有明确宣示并坚守这些价值追求，才可能有长久的追随者，文化也才能得以传承，学校才有精神根基。

三、师生的精神生活和精神状态集中反映了学校精神空间的状态

几年前，北京的一位家长想为自己的孩子选择一所好学校。他每天下午去不同的中学门口观察，看看不同学校的学生放学时的精神状态。几天下来，他觉得北京十一学校的学生精神面貌和状态最好，充满阳光和活力。他由此推断，这所学校是学生喜欢的学校。

北京十一学校确实有着独特的精神气质。我在十一学校的最大感受是，学校的精神空间十分自由、宽松、民主和开放。学生的精神状态很好，自信、阳光、充满活力，走在校园里，你会感觉他们才是学校的主人，这得益于学校精神空间的自由和开放；教师的精神状态也特别好，友善、和蔼、积极向上、充满正能量，真诚关爱学生，真心与同事合作分享，这得益于学校精神空间的宽松与民主。在这样健康的精神空间中，师生的潜能被激发出来，创造力不断涌现，个性得以培育，显现出一派生机与活力。

我曾经工作过的马鞍山市第二中学，有着自己独特的精神气质和品性，我们称之为“二中品质”：自由、宽容、多元、和谐、人文、创新、卓越……这些精神特质和文化基因，使得这所学校在安徽省内的名校丛林之中，卓尔不群，别具一格。在这样的精神空间里，师生的个性得到张扬，情操得到涵养，形成了独有的精神气质。当你走进二中校园时，这种气质会扑面而来。这是二中几十年来春风化雨的结果，是“二中人”办学理念和价值追求的凝结。每一个“二中人”身上都深深印上了这样的精神文化底色，并以此为精神感召，凝聚成一个文化社区，让二中成为万千学子共同回望的精神家园。

在青岛中学，我们致力于建构自由、自律、自主、诚信、感恩、友爱的精神空间，让师生在这样的精神空间中，涵养个性，培育品质，进而形成独特的精神气质。

的确，学校师生的精神生活和精神状态集中反映了学校精神空间的状态。教师的精神生活应该丰盈、健康、自由，教师应该爱生、敬业，同伴之间合作分享，充满职业幸福感和工作成就感。要想让教师有这样的精神状态，学校管理者需要尊重教师，信任教师，关心教师的精神生活，促进教师的专业成长，激发教师的教育情怀，给教师更多的自由空间和更多的专业权力，营造自由、人文的学校精神氛围，让学校成为教师的精神家园。教师的幸福和快乐会潜移默化地影响学生，教师的大气、民主和自由精神会培养出有格局、有个性的学生，学校自由、人文的精神空间会让教师的创造力喷涌而出。

学生的精神生活应该充实、健康、丰富多彩，充满学习的快乐和挑战，充满成长的价值和意义感。在青岛中学，我们努力让自由、自律和自主成为学生精神生活的主旋律。自由是一种权利，我们努力让学生在学校中拥有自由，学会使用自由；自律是一种品质，我们努力让学生在规则中学会自律，在自由中学会自律；自主是一种能力，我们努力让学生在自由和自律中培养自主管理、自主学习的能力，成为学校的主人，也成为自己的主人。这样的精神空间，可以让学生的个性得以舒展，让学生自由呼吸、生命勃发，洋溢青春活力，同时为创新精神和批判性思维的培养提供自由的空间。

如果一所学校没有自己的精神和文化，没有自己的核心价值理念；如果一所学校的精神空间一片荒芜、贫乏、空洞与苍白，那么这所学校就不大可能给师生提供健康的精神生活。如果学校的精神空间逼仄，充斥着无形的控制与规训，无法让人精神舒展，无法让心灵自由呼吸，让人觉得压抑，就不大可能培育出全面发展而有个性的学生。

站在精神空间的视角来看待学校，我们对学校的定义有了新的思考：学校究竟是一个什么样的地方？学校应该给师生提供什么样的精神生活，让师生的精神世界自由地舒展？学校应如何开辟、拓展和培育学校的精神空间，让师生的心灵得以栖息？

学校内部关系的再生产

空间里弥漫着社会关系，它不仅被社会关系支持，也生产社会关系和被社会关系所生产。

——亨利·列斐伏尔

学校空间既具有物理特性，也具有精神特性，还具有社会特性。“学校主要是一种社会组织。教育是一种社会过程，因此，学校是社会生活的一种形式。”① 因此，学校空间不仅是指物理空间，也不仅仅是指精神空间，同样也指社会空间。

学校的社会空间通过学校的规章制度来标识其空间边界，表征学校内部人与人之间的关系与秩序。学校成员之间的关系生产了学校的社会空间，社会空间又反过来再生产学校内部的人际关系。

一、社会关系生产着学校空间的意义

马克思认为，社会不是由个人构成，而是表示这些个人彼此发生的那些联系和关系的总和。学校是社会性空间，学校成员之间的权力、关系和

① 杜威. 我的教育信条——杜威论教育 [M]. 彭正梅，译. 上海：上海人民出版社，2013: 3.

秩序构筑成学校社会性空间的形式及内涵。

有的学校讲究权力与规制，学校成员之间的关系体现为等级、秩序、权威和控制，行政化色彩浓厚，等级关系森严，上下级之间、师生之间是控制与被控制、权威与服从的关系。在学校的控制链上，学校领导高高在上，处于权力的顶层，其次是行政管理干部，然后是教师，最后一层是学生，层次分明。这背后是官本位的行政逻辑。

有的学校注重利益与交换，人与人的关系异化为利益关系和交换关系，商业化气息浓厚。学校完全以经济利益作为杠杆来驱动人的行为。家长感觉自己是花钱购买服务，教师感觉自己是被雇佣的打工者，教育的尊严荡然无存，斯文扫地。这背后是利益至上的功利思维和商业逻辑。

有的学校人与人之间的关系被异化为目的与手段的关系，教师和学生被工具化。在这样的社会性空间中，教师是学校的工具，学生是教师的工具。升学率成为学校的唯一追求，教育成为“善意”的摧残，学生成为工业化制造的产品，教师扮演着“平庸之恶”的角色，被矮化为流水线上的操作工。这背后是反教育的工具理性逻辑。

有的学校讲究团队精神和友爱，将学校隐喻为家庭，以师生之间的情感与爱作为维系其关系的主要纽带。在这样的社会性空间中，管理者爱师如己，教师爱生如子，爱与被爱、关怀与被关怀成为学校人际关系的重要表征。

有的学校注重平等、合作与民主，将学校看作学生学习的场所，看作一个学习共同体。学校是“每一位学生都能得到共同发展的一个公共空间”[1]。在这个共同体中，师生共同建构起平等、合作、民主的社会关系。在这样的空间中，人与人相处时特别自然、平和、真实、舒适，学校内部

① 钟启泉. 课堂研究 [M]. 上海：华东师范大学出版社，2016: 106.

的人际关系还原为人与人之间的平等关系。

二、学校空间的社会性表征

学校静态的组织结构和动态的校园生活，表征着学校的社会空间特性。

目前，大多数学校的组织结构是科层制、层级化的，从校长到学生之间有四到五个层级，学生和教师的诉求难以直接反馈到学校最高管理层。这样的组织结构表征的是以等级与权力为特征的组织文化和人际关系。

北京十一学校采取的是扁平化的组织结构，减少管理层级，转变管理职能，给基层赋权，让听到炮声的人直接指挥战斗，让资源聚集到离学生最近的地方。

青岛中学采用的是 A 字型组织结构，实行行政专业化管理，让行政最大限度地为教育教学服务，将教育教学之外的事务剥离，交由行政主管部门处理，把时间还给教师，把教师还给学生，让教师全身心地陪伴学生成长，真正将学生置于学校的中心。

不同的组织结构，体现出不同的价值观，也改变着人与人之间的关系。国外一个企业的组织结构是倒置的——将顾客放在组织结构的顶端，然后是一线管理者，最下层是高层管理者。这样的倒置结构在一定程度上体现出了“顾客第一”的理念。

师生的校园生活也同样表征着学校的社会空间特性。青岛中学规定学生对学校的公共空间具有和教师同样的使用权。师生同乘电梯，师生同权使用会议室、报告厅等公共场所。这样的规则和制度潜在地维护着平等的师生关系。

再比如，在青岛中学一年一度的狂欢节中，师生的角色扮演，体现的是对平等关系的再造，暂时隐藏了师生关系的不平等。学校的泼水节、师生体育对抗赛、师生共进午餐等活动之所以受到学生欢迎，在一定程度上是因为这些活动的背后，体现了师生关系的平等。

网上报道，有的学校实行准军事化管理，学生要统一服装和发型；去食堂集体排队行进，吃饭要遵从统一口令；洗澡有时间限制，学生需要跑步进入浴室；男女生不得两人并排同行，男女生分楼层吃饭以减少与异性的接触；等等。这也是一种校园生活，表征着另一种社会空间，这样的空间生产着另一种人际关系，也形塑着师生特定的行为习惯。

网上还有过这样的报道：某所小学规定，优秀的学生戴红领巾，表现不好的学生戴绿领巾。有一所学校在期末考试时规定，成绩好的学生在教室内考试，成绩差的学生在走廊里考试。

这让我想起吴非老师介绍过的一张希特勒的小学毕业照。当时德国学校有这样的规定：拍毕业照时，成绩好的学生坐在前排老师身边，成绩差的学生站在后排。11 岁的希特勒是班上成绩最差的学生，所以站在最后一排。照片中，他两手交叉，抱在胸前，我们不知道他在想些什么。但是毫无疑问，不平等的规则，一定会生产出不平等的师生关系和生生关系。

三、关系的再生产

学校的社会空间是由关系构筑的，反过来还会再生产社会关系。“空间本身既是一种产物，是由不同范围的社会进程与人类干预形成的，又是一种力量，反过来影响、指引和限定人类在世界上的行为与方式的各种可能性。”①

① 郑佰青. 西方文论关键词：空间 [J]. 外国文学，2016(1): 91.

在学校中，很多空间符号起着规训的作用，无声地规范人与人之间的社会关系和秩序。比如，学生的学号就是一种社会化符号。有的学校按照入学成绩排定学生学号，从社会学意义来看，这是给学生一个身份标识，学号意味着学生的成绩等次；同时也是给学生一种暗示，可能影响学生的自我认知，进而可能会影响学生的态度和行为。按照考试成绩给学生排名次的做法也是如此，将学生分为三六九等，制造和生产的是学生之间不平等的关系。

学生的校服也是学校的空间符号与文化标识，对内具有凝聚的作用，对外具有身份识别的作用；校服同时也是学校的文化载体，特别是对名校的学生而言，穿校服会让他们有一种荣誉感。一方面，校服是维护学生之间平等关系的一种手段，它可以淡化学生家庭经济条件上的差异；另一方面，校服也在无形中实现了规训的作用，比如，学生穿校服时其在学校内外的言行就会受到无形的约束。

学校空间的规训无处不在。比如，学校空间里的大量摄像头，对校园进行全过程、全方位的监控。一般学校教室的门上都有一个窥视窗，方便教师和管理人员巡查。一所小学的校舍是一个半月形建筑，每两个教室共用一个公共空间，这个公共空间的设计理念本来是为了方便学生活动和交往的，但我们看到有一位老师在这里办公，理由是这位老师可以实时监控教室里的情况。自由交往的空间变成了监管的场所，违背了原初的设计理念。

这让我想起福柯的理论，他将这种“全景敞视”建筑看作规训与监视的手段，认为这样的学校和监狱、军队一样，是典型的规训空间。美国的一所学校就是按照监狱的样式来设计的，设计该学校的设计师原本就是设计监狱的，后来因社区居民反对，学校才进行改建。

我在马鞍山市第二中学工作的时候，在图书馆的四楼扩建了 400 平方米的心理健康咨询中心，建成以后却很少有学生去。经了解发现，原来因为这个空间在图书馆的四楼，众目睽睽之下，学生怕被同学和老师看见，所以不太愿意去。于是，我们将心理健康咨询中心的室外空间改造成读书角，铺上人工草坪，放置休闲式桌椅，学生可以在这里休闲、读书或举办活动，慢慢地就有学生“顺便”走进心理咨询室。这样的空间设置是一种邀请，而不是监视。

讲台也是一种符号，它象征和代表着教师的知识权威。讲台与讲桌共同组成教师的神圣讲坛，这里是教师的专属领地，虽然教师可以走下神圣的讲坛，但是学生却不可以未经允许随便踏入。讲台以及教室里座位的排列，共同建构了课堂的社会空间，这种社会空间反过来又生产出课堂里的师生关系。

北京十一学校在 2010 年进行课堂转型，首要举措就是撤除讲台和讲桌。撤除讲台起初让教师很不适应。其实，让教师告别讲台，就是希望教师告别以教为主的独白式教学方式；走到学生中间，消解自身的知识权力，与学生一起构建学习共同体；由知识传递到知识建构，由课堂传授到课堂对话，重新建构课堂里的师生关系。当然，这个转变是渐进的，有形的讲台撤除了，也许在有些教师的心中，无形的讲台还在。

学校里的语言也是一种社会建构的符号。一个人的语言方式隐含着他的态度、价值观、思维方式；同样，一个组织的语言方式隐含着组织的文化、结构、制度和关系。组织的语言方式是组织内的成员共同建构的，反过来，组织的语言方式又影响着成员的行为和态度，形塑着组织内每个成员的价值观。

比如，学校教师说起学校，是说“这所学校”还是说“我们学校”；说起学校领导，是说“你们这些领导、他们那些领导”，还是说“我们学校领导”，其中折射出不同的学校文化与人际关系。又比如，一个领导或者教师在描述团队工作时，是说“我……”还是“我们……”，不同的表达方式后面的内隐价值观是不一样的。

再比如，学校中人们称呼领导，是称呼其职位，还是称呼老师，或者直呼其名，同样反映出人们对领导与教师之间的角色和关系的不同定义——是上下级关系、伙伴关系还是同事关系，这也反映出这所学校的组织文化。语言已经作为一种思维方式，渗透进组织内部，成为文化的试纸，灵敏地反映出学校的组织文化与社会关系。

学校是由社会建构的场所，学校空间嵌入社会关系之中，所以学校也是一个社会空间。学校的社会空间是由学校成员之间的权力、关系和秩序构筑而成的，在学校空间中，知识、权力与空间之间存在着隐秘的关联，上演着权力与规训、关系与秩序的建构与重构。

学校的第四维度空间

网络空间虽是一个虚拟的空间，却是一个真实的存在。

学校空间是折叠的多维空间，除了物理空间、精神空间和社会空间，还有第四维度空间，即网络空间（cyberspace）。

网络空间最初并不是一个科学概念，而是科学幻想。网络空间这一术语是由加拿大小说家威廉·吉布森创造的。他在 1984 年写的科幻小说《神经漫游者》（*Neuromancer*）中，描写了通过计算机网络化，把全球的人、机器、信息源都联结起来的新时代，一个由计算机构筑的、虚拟的、没有具体客观实体的世界。

现在，这个虚拟空间已不再是科幻小说而成为现实。对于新新人类而言，虚拟空间已成为与现实世界相对应、相平行的虚拟社区。网络已经全面而深度地介入和改变着人们的生活，影响和重构着人们的生活方式、交往方式和学习方式。

青少年是网络社会的原住民，学校是青少年校园生活的场域，因此学校空间无疑具有网络空间的特征。网络重新定义着学校和学校空间。

一、压缩与拓展

在网络空间中，一方面，空间被压缩，距离再遥远也如在眼前，世界被压缩成一个地球村，甚至被压缩成虚拟的网络社区，人们在网络空间中可以和世界上任何地方的人相遇。网络空间可以多重压缩，个体可以在几重空间中同时存在。空间是折叠的。

另一方面，空间又被拓展，无边无际，网络的开放性使得其空间范围无限扩大，无所不在，不像物理空间那样具有特定的边界与范围。

网络空间的压缩与拓展，让人们具有更大的自由，人们不需要移动身体，即可在网络空间中自由行走。

在网络空间中，时间的特性也发生了改变，时间不再具有连续性。人们可以随时中断下线，也可以随时上线续接。时间也因此具有了碎片化的特征。

网络世界中时空性质的变化，给学校教育带来了新的机遇和挑战。网络空间使学校教育的空间得到极大的延展，为学生的学习和交往提供了无限的可能性；学生的角色转换频繁，交往对象具有更大的不确定性；学习不再囿于具体的场所和特定的时间，正式的、群体式的教育空间进一步消解，非正式、去中心的学习网络空间逐步形成。

二、在场与不在场

在现实的物理空间中，身心一体，个体要么在场，要么不在场；而在网络空间中，人是以数据（比特）的方式存在的，而不是以原子的方式存在的，只有在线和不在线，没有在场和不在场。网络连通后，个体便以虚拟的身份在线，而身体仍然存在于物理世界中。

网络空间与物理空间交互影响，重叠存在，平行运转。个体生活在物理空间中，同时又以另一个身份，以数据的形式，活动于虚拟的网络空间，并在这两个空间之中自由地穿越。

物理空间与网络空间并行不悖，人们可以迅捷切换，进入和退出非常便捷和自由。人们过去曾经梦想的平行宇宙和时间虫洞，如今借助网络空间得以实现。人们的心灵可以脱离肉体，到另一个时空中去旅行，并能够随时返回。

这种穿行，让身心分离成为常态，也可能让人难以持续地专注。网络时代，人们大多进行碎片化的快餐式阅读，少有人专注地阅读大部头书，即是其表征。

网络为人们的行为提供了超级自由，网络空间也使得学校教育的控制力有所减弱。越自由，规则越重要。与物理空间相比，自由与规则、自律与慎独对网络空间更加重要。因此，网络道德与信息素养应该成为学校教育的重要内容。

三、隐匿与角色扮演

网络空间具有隐匿性的特点。人们在网络空间中可以抛却现实世界中的面具、身份、年龄、性别甚至个性特征。

这种隐匿性为人们在网络空间中的行为提供了安全庇护。不同于物理空间中人们的身份具有唯一性和确定性，在网络空间中，人们可以安全地扮演各种角色和身份，扮演不同的自我：想象中的自我、理想的自我，甚至是相反的自我，并且可以根据即时的反馈不断进行修正，弥补个体在现实中的不足和缺憾。

这种身份隐匿和角色扮演，对正处在自我认同发展期的青少年有很大的吸引力。他们可以在网络空间中进行自我认同试验，探索并获得自我认同。

但这种隐匿与扮演，也可能导致自我认同危机和分裂，让人沉溺于角色扮演，而对现实中的自我难以悦纳。不过现在的研究表明，随着网络信息技术的普及，作为网络空间的原住民，青少年在线上和线下的个体呈现和人格表达基本上是一致的，而不是相互分离的。

四、追逐与逃离

网络空间的虚拟性和隐匿性，为个体提供了一个现实中的乌托邦和梦中的桃花源，可以让人暂时逃离现实中的不堪与痛苦，追逐网络中的虚幻与快乐，得到片刻的心灵慰藉与安抚。

现实世界越是不堪，人们越容易逃离到网络世界中去寻求短暂的安慰和遗忘。现实世界越是成为人们的失乐园，网络世界越是容易成为人们追逐的复乐园。

在网络空间中，人人皆中心，每个人都被去除了现实中的身份，主体消失，暂时成为一堆数据。

这也容易让人沉溺于虚拟社区，与现实的人际交往疏离，与社会脱节。线上越投入，线下越孤独。自制力弱的人会沉迷其中，不能自拔。

其实，物理空间尚可逃离，而网络空间无边无际，真正是无法逃离。人们生活在社会这个大网络之中，永远无法真正逃离。因此，网络并不应该是逃离现实的管道，而应该是拓展现实的载体。

五、学习的便捷与知识权威的消解

网络空间不仅改变着人们的生活方式与交往方式，也改变着人们的学习方式。

在网络空间中，学习随时发生，学生可以非常便捷地随时获取知识与信息；网络使学习方式变得更加个别化，更加碎片化，也更具即时性。

知识存在的方式也发生了变化，海量的信息资源以分布、开放和共享的方式存在于虚拟的网络空间中，全世界的信息资源都可以为学生学习服务。

当然，信息并不等于知识，只有经过选择、验证、整理、系统化和结构化的信息才是知识。在网络时代，我们身处信息的海洋，却时时感到知识的饥渴。因此，对青少年而言，选择、鉴别有价值的信息是非常重要的信息素养。

学习的便捷性与知识的开放性，进一步消解了教师的知识权威。过去，教师是学生获取知识和信息的主要来源，教师甚至成为知识的化身或代言人，有些教师靠一本教参行天下。现在，教师在课堂上讲解某一个知识点，学生可以马上在网络上搜索，甚至当场提出质疑。这使得教与学、师生关系需要重新被定义。

六、虚拟与现实

网络空间虽是一个虚拟的空间，却是一个真实的存在。不管你承认不承认，它就在那儿。只要连接上网络，人们就可以进入网络空间，自由漫步。

青少年已经从公民（citizen）变成网民（netizen），来到任何一个新的物理空间，他们首先关心的是这里有没有无线网络。如果这个场所没有无线网络，他们会感到空间维度的单薄，甚至感到不安，担心自己失联于网络空间，可能错失什么重要的事情。

网络信息技术改变了存在已久的空间样式，既给人们带来了崭新的生活体验，也给人们带来了很多负面的隐忧。有些人担心青少年会在网络空间中迷失，因此视网络空间为洪水猛兽。

当年汽车刚出现时，有人预言这是世界上最可怕的发明，因为只要发生车祸，一定会造成人员伤亡。但是随着汽车安全装置的逐步完善，汽车已成为现代人生活的必需品。

当年活字印刷术传到欧洲后，遭到教会中一些人的抵制。他们认为，如果任何知识都可以印刷成书，那些不好的知识也可以广泛传播了。还有些人预言人类的大脑一定会退化，因为人类再也不需要记忆和思考了。结果书籍的出现并没有使这个世界变得更糟。

李希贵校长有一句话对我们很有启发，他认为人们的焦虑来源于教育与技术的赛跑，当教育进步的速度跟不上技术进步的速度时，就会产生社会性焦虑。

教育的使命就是与技术赛跑。网络时代不可回避。网络空间已然存在，还将继续拓展。我们不必简单地以好坏来定义网络，正确的方式是理性地认识和看待网络空间，帮助、引导、规范学生的网络行为，提高其网络信息素养，而不是焦虑、恐惧或回避，更不是禁止。禁止只是掩盖问题，而不是解决问题。人类永远是以解决问题的方式进步的。

学校的隐喻

学校如同家庭，是孩子们成长的特殊地方。

——内尔·诺丁斯

如果我们一定要为学校寻找一个恰当的隐喻，也许有一个较为合适的词语：家庭。对中小学来讲，这个隐喻尤为恰当。“学校如同家庭，是孩子们成长的特殊地方。”[①] 家的隐喻既符合学校的组织特征，也揭示了学校的特质：关怀人的成长。

一、学校是家庭教育功能的延伸与分置

首先，学校与家庭的结构形式类似。一个传统家庭中往往有长辈、子女、兄弟姐妹等角色。学校中有教育者、受教育者、不同年龄的同伴等角色。在中小学，成年人和未成年人共同相处，更类似于家庭。在其他组织中，很少会有这种情形。在这种组织形式中，教师会不自觉地充当长辈或哥哥姐姐的角色，将学生视同晚辈或者弟弟妹妹。

其次，学校的维系纽带与家庭的维系纽带一致。维系行政组织的纽带

① 诺丁斯. 学会关心：教育的另一种模式（第 2 版）[M]. 于天龙，译. 北京：教育科学出版社，2011: 11.

是权力，维系企业组织的纽带是利益，维系家庭的纽带是血缘和亲情，维系学校的纽带是师生关系。师生关系是一种特殊的人际关系，它与家庭中的父母与子女的关系极其类似。由教育的本质生发出维系师生关系的纽带，那就是爱、关怀、责任和义务，这与家庭当中由亲情与血缘关系生发出的爱、关怀、责任和义务极为一致。师爱有母爱的慈爱而没有溺爱，有父爱的严厉但更为平等。师爱与父母之爱的本质是相同的，这个世界上很多爱都以聚合为目的，只有两种爱以分离为目的，那就是父母对子女的爱、老师对学生的爱。

最后，也是最根本的，从学校的组织功能来看，我们似乎可以认为，学校乃是家庭教育功能的延伸与分置。在人类历史中，先有家庭后有学校。家庭主要具有教育功能、经济功能、社会功能、情感与爱的功能等。人类早期的家庭具有完整的教育功能，学校出现以后，分担了家庭的部分功能。在现代社会中，学校与家庭共同承担着培养下一代的责任，功能一致，各有侧重，并互为补充。

比如，学校和家庭都有促进下一代身心健康成长的功能；未成年人的社会化过程主要是在学校和家庭完成的；目前，大部分学生是独生子女，学校与家庭共同成为学生情感陪伴的主要源泉，对进入青春期的学生而言，同学与同伴甚至成为其情感陪伴的主要对象。

现代社会存在着家庭功能式微、学校功能强化的趋势，单亲家庭、独生子女、留守儿童、大家庭的分立等现象，削弱了家庭的教育功能，而学校成为重要的补充。

但从另一面来看，国内外出现的家庭学校、在家上学等现象，又是对学校教育功能异化的反抗，是对家庭教育的回归。这也从一个侧面说明了家庭与学校功能的一致性。

二、建立家庭型的学校文化

学校的家庭隐喻让我们得以重新审视学校文化。学校文化不同于企业文化。企业文化讲究的是成本、效率、效益，注重量化考核和质量管理。但是学校不能照搬企业文化，教育是复杂的、长期的社会实践活动，我们不能简单地用成本、效益的管理办法来管理学校，更不能简单地以升学率、分数等量化指标来评价教育行为。

学校文化区别于行政文化。行政文化讲究的是程序、规矩、制度、权威，强调的是服从与执行，采用的是叠床架屋的科层体制。学校不是行政机构，教师职业的特殊性要求学校管理中应当更多地体现对话与协商、开放与民主、创造与开拓。

学校文化区别于商业文化。商业文化讲究的是交换与买卖、逐利与功利。教育是公益性事业，以培养人为旨归，教育有自身独特的行业尊严，教师有自己独特的职业尊严，急功近利不是教育的追求，教育也不能像商品一样被当街叫卖。

学校文化应该从根本上区别于企业文化、行政文化和商业文化，应该充满人性的温暖，充满爱与关怀，充满教育的力量。因为教育是人与人的对话、心与心的交流，所以我们必须从内心出发，抵达师生的心灵。

我们应该建立家庭型的学校文化。但这里所指的家庭型学校文化与冯·特洛比纳兹归纳的文化隐喻四类型中的家庭型文化特征不完全相同。在家庭型的学校文化中，学校注重人文关怀，以人为本，以师生为本；始终把教师的发展和学生的成长作为学校工作的出发点和落脚点；以科学精神和人文素养培育师生的精神品格；每个教师和学生都能得到成长，每个人都不是别人成长的手段与工具，每个人的成长与发展均是唯一目的。

在家庭型的学校文化中，学校注重关怀和爱，“关怀他者”。领导关怀老师，教师关怀学生。关怀的本质是从他者出发，从对方出发，给予理解、同情与关心。如果领导常常扪心自问：“如果我是他，应该怎么办？”教师常常扪心自问：“如果他是我自己的孩子，我会怎么办？”很多问题便迎刃而解。在一个家庭中，一般来说，所有家庭成员总是关怀最弱者，而不是打击或抛弃他；学校也应该最关注、关心、关怀那些处在边缘的教师和学生，而不是打击或放弃他们。学校领导应爱生如子，爱师如友，爱校如家，将学校办成师生的精神家园。

在家庭型的学校文化中，学校创设和谐的人际关系，培育开放、包容、团结、协作、民主的精神气质，追求和而不同的内在和睦。在这个大家庭中，爱充盈其间，爱与被爱、关怀与被关怀成为人与人之间的重要关系。

在家庭型的学校文化中，学校通过设立榜样、对话、实践、关怀与认可的方式教育师生。这些方式方法与家庭教育类似，或者毋宁说是对家庭教育的继承与吸收。但从目前的教育实践来看，学校教育在教育方式上越走越远，存在异化的危险。我们需要重新寻找失落的家庭教育传统。

三、结语

我们一般会用“母校”一词指称我们曾经学习过的学校。这其实就是一个隐喻：学校类似于家庭，而且具有女性特征。我们可以依据组织的不同气质，界定其性别特征。比如，行政机关、军队、企业等组织注重权威、程序、效率、执行力等，具有父性或男性特征；而学校、医院等组织注重关怀、爱、情感等，具有母性或女性特征。由此我甚至认为，也许女性更适合担任中小学校的校长。

学校是一个什么地方

学校是一个什么地方？这是一个需要不断追问和回答的问题。

一、复学记

2020 年 6 月 2 日是新冠肺炎疫情缓解后青岛市小学一二年级孩子复学的日子。早晨，初夏的校园迎来了最后一批回归的小神兽。

孩子们结束了长达四个多月的居家学习，终于迎来了复学。孩子们重回校园，学校又重现生机，有了色彩、欢声和笑语。正所谓，“春风十里，不如校园有你”。

一位一年级的学生家长给我发了一条微信：“送孩子上学时看见好几个孩子在学校门口抱着老师又哭又笑的，我看了都感动得鼻子发酸，感慨青岛中学的神奇。您和老师们辛苦了！”

一位老师在微信朋友圈中写道：“开学第一天，早晨在校门口我看到一位母亲开车送女儿上学。母女俩下车后看见学校，看见老师，瞬间泪目。经历过这段特殊时期，我们一定要珍惜和孩子们在学校学习、生活的每一天啊！”

体育、艺术、技术学科的老师们，自发地组织鼓乐队，在校门口载歌载舞，欢迎归来的孩子们。老师们说，孩子们居家线上学习，没有机会见到艺术、体育和技术学科的老师，他们估计，孩子们一定特别想见到他们，所以特地在校门口欢迎孩子们归来。

一二年级的教师们给每个班准备了一个大蛋糕，为孩子们补过六一儿童节。一年级有一个班的几个孩子提议，应该给校长送点儿蛋糕。我平常不爱吃甜食，孩子们送来的蛋糕却吃得有滋有味。

课间，我去一二年级的教室转悠。在一年级的一个班里，我问他们："今天有没有同学哭呀？"有个女生举起手，我问她为什么哭，她说终于能来学校上学了，高兴得哭了。还有个学生说早上 5 点多就醒了，高兴得睡不着。我问大家，昨晚有没有同学梦见回到学校的，好几个同学说有。

一位家长朋友告诉我，疫情期间，孩子因为想念学校，特地让爸爸开车来学校，在校园的外围转了几圈。

二、教育是对影响的影响

在学生居家学习的日子里，师生都急切地希望有一天能重返校园。现在，师生终于回到校园，重回熟悉的教室和课堂，重回朝夕相见、教学相长的时光。

重返校园曾经是我们在疫情期间心心念念的事，而今终成现实，我们需要倍加珍惜，珍惜每天和学生面对面的真实的连接和直接教学，珍惜这看似平常而又来之不易的时光。

学生渴望重返校园，教师也期望重回真实的课堂。这让我们反思：与线上教学相比，线下教育有什么不同？学校里究竟有什么？儿童为什么要去学校上学？

有一位家长朋友问自己 10 岁的孩子，为什么想回学校上课，孩子回答："学校里有老师和同学。"那么，学校究竟意味着什么？教师、同伴对学生意味着什么？

学校显然不仅仅是一个物理空间，还是一个精神空间和社会空间。在这个空间和场景中，有一种精神的、文化的、社会的、情感的氛围，这是一种场域。构建这种氛围和场域的核心元素无非是师生关系、课程与教学和同伴交往。

师生关系显然是学校空间中最重要的关系，也是对学生产生最重要影响的关系。但是，并不是所有人与人之间的影响都是有教育意义的，并不是所有的师生关系都富有教育意蕴，只有良好的师生关系才蕴藏着教育的力量，甚至就是教育本身。

顾明远先生说，好的师生关系是最大的教育力量。李希贵校长认为，教育学首先是关系学。师生关系是学校里最基本、最重要的关系，关系会产生意义。青岛中学实行全员育人，从小学六年级开始实行导师制，建立平等、民主的师生关系。

除了师生关系，同伴交往也是学校生活的要素之一。学校是儿童社会化的场所，同伴交往满足了儿童成长的情感需求和社会化需求。在与同伴交往的过程中，儿童的情绪与情感、道德与伦理、个性与人格、心理与身体等得到健康的滋养和成长。青岛中学发挥 12 年一贯制的优势，推行学长制，构建混龄的成长共同体，让学生在这个成长共同体中，学会做人，学会共同生活。

课程与教学是学校生活的重要内容之一。学校是一个学习共同体，学生在学校里，在教师的指导下，与同伴一起学习知识，建构理解，培养能力和素养。青岛中学视课程为核心产品，开发了近 200 门分层、分类课程，以课程的选择性、丰富性、综合性、贯通性和实践性，为学生的成长服务，满足不同潜质的学生的多样化成长需求，帮助学生发现自己、唤醒自己并成为最好的自己。

学校是这样一个地方：除了教学，还有教育；除了学习，还有校园生活；除了对知识和技能的学习，还有人格培育和身心的健康发展；除了自我成长，还有同伴交往、合作学习和社会化成长。

学校是这样一个地方：教师不仅要教书，还要育人；既要启迪智慧，也要培育人格，涵养个性。

学校是这样一个地方：学生在学校里不仅要学习，还要体验和成长；学生的成长是教育的全部意义，这也是学校之所以成为学校的理由。

因此，我们要给学生带来完满的校园生活体验。完满的校园生活应该是道德的、情感的、智力的、身体的、审美的，是完整的人的全面成长，而不是枯燥、乏味、单调、沉重、缺乏色彩的。如果学生在学校的生活只有功课与作业，那么这种生活对他来说是极其单调、枯燥和沉郁的，学校也就可能成为学生想要逃离的地方。

学校教育是对影响施加影响。学校教育是对最能影响学生成长的几个要素，诸如教师、同伴、课程和教学等，施加教育影响。

三、学校是一个什么地方

学校里有什么特别的东西？学校因什么而存在？儿童为什么要去学校上学？

这些是需要不断追问和回答的问题。

1983 年，美国加利福尼亚大学洛杉矶分校约翰·I. 古德莱得教授出版了一本书，叫作《一个称作学校的地方》（*A Place Called School*）。他在书中提出了这样的追问：那个称作学校的地方，是一个什么样的所在？

这样的追问由来已久，从未停歇。

苏霍姆林斯基在《给教师的建议》中记录了这样一件事。他说自己曾经收到一个 10 岁孩子的母亲的信："我的女儿流着眼泪打开写满了两分的记分册，恳求说：'妈妈，咱们搬到没有学校的地方去住吧……'"[①]

过去了这么多年，我作为教育工作者，今天读来，仍然为这个 10 岁孩子带泪的恳求而感觉内心的悸动和愧疚。

日本的教育学者佐藤学先生在他的《学习的快乐——走向对话》一书中也提出这样的诘问："儿童为什么必须有学校呢？为什么必须上学呢？学校为什么必须存在呢？"[②]

学校应该是儿童的成长乐园，应该是他们喜欢和依恋的地方，而不应该是他们厌恶和想逃离的地方。

"我们从儿童入学的最初几天起，就在他的眼前把通往周围自然界的大门关上了，于是，儿童再也听不到小溪潺潺的流水声，听不到春天融雪的滴水声，听不到云雀的歌唱声了，他只能背诵关于这些美好事物的那些干枯乏味的、毫无色彩的句子。"[③] 言者谆谆，听者藐藐，这样的情况，一直存在。

对全国的学生来说，2020 年的春天是一个特别的体验。长达数月的居家学习，给亲子关系、师生关系，特别是给学生的生活、学习和心理，带来了巨大的挑战，也让人们对学校的意义和存在价值有了新的认识。特别是在有的地方，不该发生的悲剧在这个春天的复学季发生，让人痛心。作为教育工作者，我们必须要持续追问和思考：学校，究竟是让学生依恋的地方，还是让学生想逃离的场所？

---

①③ 苏霍姆林斯基. 给教师的建议 [M]. 杜殿坤，编译. 北京：教育科学出版社，1984: 479, 460.

② 佐藤学. 学习的快乐——走向对话 [M]. 钟启泉，译. 北京：教育科学出版社，2004: 77.

时代发展到现在，学校从来没有像今天这样面临着对自身存在价值的追问：学校为什么必须存在？学校究竟是什么地方？学校在发展过程中是否抛弃了原初的价值与意义？如何重新定义学校？如何重建学校的意义？这是我们教育人的自我追问，我们必须用实践予以回答。

从自由走向自主

虽然我们可以把马引到水边，却不能迫使它饮水；虽然我们能把一个人关在教养所，却不能迫使他悔过。

——杜威

正如近代著名教育思想家福禄培尔所说，教育的目的和生活的目的，归结起来，就是自由和自主。“这自由和自决便是全部教育和全部生活的目的和追求，也是人的唯一的命运。”[①]

自由、自律和自主，也是青岛中学的教育追求。我们希望学生在自由中学会自律，从自律走向自主。

一、自由是人的一种权利

自由是人的一种权利。它不是统治者赐予人民的，不是管理者赐予员工的。在学校中也是这样，自由不是教育者赐予学生的，不是成人赐予孩子的。人生而自由，自由不是被施舍、被赐予的，而是一种权利，不可剥夺。但是正如卢梭所说，人生而自由，却无往不在枷锁之中。所以，千百年来，人类一直在为自由而奋斗。在人类的终极价值观中，自由毫无疑问

① 福禄培尔. 人的教育 [M]. 孙祖复，译. 北京：人民教育出版社，2001: 11.

排在第一位。马克思说过，自由乃是人的本质属性，人追求的是自由而全面的发展。在社会主义核心价值观中，自由也赫然在列。

自由也是教育的重要命题和核心概念，是教育的价值追求。亚里士多德提出的“自由教育”思想，不仅强调人的理性发展，更强调人的身体和思想的自由和不受拘束。从卢梭到福禄培尔，从蒙台梭利到杜威，从斯宾塞到怀特海，都无一例外强调自由的教育价值。

自由是教育价值的应有之义，但是现在似乎成了一个敏感词，这个现象值得人们深思。在学校教育中，自由也常常缺席。蒙台梭利曾经描述过她所处的那个时代，学校中的儿童如何被剥夺身体和心智的自由：“就是这个儿童，被拴在课桌后面，在严厉的目光下，强迫自己放好两只小脚和两只小手，并且保持不动……儿童在头脑里渴望获得知识和真理，但却无时无刻不被强迫或以老师认为最佳的方式被灌输着老师的思想，幼小的头脑被迫屈从，像是戴着荆棘编织的冠冕，流淌着鲜血。”[①]时光过去了近百年，有些东西却难有改变。

只有在自由的状态下，一个人才会达到学习和工作的最佳状态，才会专注、投入和放松，才有创造性。自由是一种身体状态，当身体受到制约和拘束的时候，大脑活动也会受影响。自由同时也是一种精神状态，精神上不自由，学习和工作的效果同样会受影响。

所以，有人说金字塔不是奴隶建造的，而是自由人建造的。第一个做出这种判断的是瑞士钟表匠塔·布克。1536 年他因反对罗马教廷的刻板教规被捕入狱。在那个失去自由的地方，他发现无论怎样努力，制作的钟表日误差都难以低于 1/10 秒。可是，入狱前在自己的作坊里，他能使钟表的日误差低于 1/100 秒。为什么会出现这种情况？起初，布克把它归

① 蒙台梭利. 童年的秘密 [M]. 梁海涛，译. 上海：上海人民出版社，2012: 242.

结为制作环境。他出狱后才发现真正影响钟表准确度的是制作钟表时的心情。这被称为“布克现象”。

他由此推断，“金字塔这么大的工程，被建造得那么精细，各个环节被衔接得那么天衣无缝，建造者必定是一批怀有虔诚之心的自由人。很难想象，一群有懈怠行为和对抗思想的人，能让金字塔的巨石之间连一片刀片都插不进去”。[①] 这就是自由的价值。

电影《肖申克的救赎》中，长期服役的犯人习惯了监狱中的规训和管控，有人出狱后不能适应高墙外自由的生活，最后选择再回监狱，还有一位出狱者最后竟选择了自杀。本质上，他们已经失去了使用自由的能力。这是规训的力量，也是自由长期缺席的后果与代价。

在学校教育中，自由能够让学生真实地表现自己，展现真实的个性。生命有缝，阳光才能照进来。“强迫的安静和强迫的恰当行为会阻止学生真实本性的流露，他们表现出来的只是表象而不是本性。”[②] 在真实的行为情境中，学生的各种问题才能得以真实地暴露，教育才有可能发生。强制的结果是一种假象，只能产生奴性的顺从；自由才能让学生有真实的自我展现，并让学生在与他人的社会互动中不断调适自己的行为，不断改进与成长，也才能让学生在学校、家庭与社会中表里如一，知行如一。“教育帮助个人自由地成为他自己，而非强求一律。教育诉诸自由，而不是人类学上的自然事实，教育以从自由中不断获得的东西为其内容。如果教育变成了权威，那它就失败了。”[③]

---

① 刘燕敏. 平和的心是金 [J]. 读者，2005 (16): 1.

② 杜威. 我的教育信条——杜威论教育 [M]. 彭正梅，译. 上海：上海人民出版社，2013: 262.

③ 雅斯贝尔斯. 什么是教育 [M]. 邹进，译. 北京：生活·读书·新知三联书店，1991: 55.

当然，自由是有限度的。“一切人必须有行动自由的权利……一个人只有在并不干预另一个人的同样行动时才能保持自由。”[①] 这就是自由的完整命题。英文中有一句名言：“Freedom is not free.”。自由不是没有代价的，这是自由的限度，当你行使自由的权利时，不能妨碍别人的自由。因此，学校教育不仅要尊重学生自由的权利，还要帮助学生建立规则，指导学生学会正确地使用自由的权利。没有规则的自由不是真正的自由，只会导致混乱和无序。规则不是为了限制自由，而是为了保护自由，让人更好地使用自由。

对学校教育来说，保护自由必须从设立规则入手。规则与自由相辅相成，二者不可偏废。在学校教育的现实中，我们可以看到这样几种现象：一种是自由的缺失，学生生活在管控之中；一种是规则的缺失，学生缺乏基本的行为规范；还有一种最为可怕，即自由与规则双重缺失，在应该有自由的方面，管控过度，而在学生应该遵守规则的地方，却无序而混乱，学生缺乏基本的规则意识。学生没有自由是可悲的，学生不会使用自由是可怕的。

蒙台梭利描绘过她眼中的学校自由：“儿童没有羞怯感，在他们的心灵和环境之间不存在障碍，他们的成长是充分和自然的，好像莲花打开白色的花瓣，完全伸出花蕊，吐露着芬芳，沐浴着阳光。”[②] 这是多么圣洁、美好、令人向往的成长状态。创造自由呼吸的教育，呵护儿童的成长，既是学校的使命，也是教育的目的。

---

① 斯宾塞. 斯宾塞教育论著选 [M]. 胡毅，王承绪，译. 北京：人民教育出版社，2005: 166.

② 蒙台梭利. 童年的秘密 [M]. 梁海涛，译. 上海：上海人民出版社，2012: 134.

二、在自由中学会自律

自由与自律是紧密联系的。自律是通往自由和自主的桥梁——你有多自律，就有多自由；你有多自律，就可能有多自主。

自律并不是从他律中习得的，而是从自由中学会的。很难想象一个依赖管控和他律的人，会产生真正的自律。从他律到自律是一个悖论。自律和他律本身就是一对矛盾的概念。他律是依靠外在的控制力量，使学生养成遵从规则的行为习惯；自律是学生依靠内在的自觉力量，培养自我约束的意志品质。他律的结果可能只是暂时的假象，并不能必然导致自律。自律必须通过内在力量的激发才能真正实现并得以长久维持。

从这个意义上讲，自律是一种境界，是一种意志品质，是自我控制而不是外在强制，是使用内在的力量自我约束，恪守规则。学生应在自由中学会自律，进而在自律中更好地享受和使用自由。

比如，在青岛中学设定的荣誉考场里，没有教师监考，学生可以自主申请去荣誉考场考试。这对学生既是一种尊重，也是一种内在的激励，可以将学生内心中积极的、向上的、正面的力量激发出来，将学生的自尊、自信、自我价值感和成就感激发出来。学生不仅可以获得荣誉感，还能获得对自己内在力量的确认，从而增强内心的力量，形成良性循环，更好地自律。这恰恰是通过“去监督”“去控制”，来实现学生的自律。

青岛中学现在尝试实行“成长之星”计划。学生若在行为规范、思想品德等方面做得好，便可以获得相应的学分，学分达到一定的标准后，学生可以获得“成长星”和勋章。学生可将这些“成长星”兑换成校园币在选课时使用，获得优先选课权。这样的制度设计可以激励学生自觉、主动地规范行为，约束自我。

榜样比规则更能激发学生的自律性。青岛中学是 12 年一贯制学校，我们在导师制的基础上，尝试推行学长制，希望通过学长的示范、引领，给学弟、学妹树立榜样。高年级学生在示范的过程中，也同步进行了自我教育，强化了自律品质。

自律不仅仅是一种习惯，更是一种品质和修养。比如，告诉孩子见到老师要问好，其实是教育孩子要懂得尊重师长，并不是要孩子养成见到成年人就问好的习惯。习惯可以通过训练来培养，但是这个过程中却不能没有教育。“除非他明白他所做的事情，并为这件事的意义去行动，否则就不能说培养和教育过他，让他以某种方式去行动。”① 所以，在学校教育中，重要的是指导学生的行动，而不是控制和训练学生的习惯。自律必须也只能是学生自主性的内在建构。“教育并不是一件‘告诉’和被告知的事情，而是一个主动的和建设性的过程，这个原理几乎在理论上无人不承认，而在实践中又无人不违反。”②

罗素也认为，“我们在现代教育上的目标是将外部的约束减至最低程度，然而这就需要有内在的自制力”。③ 这是教育不同于训练和管制之处，训练与管制旨在通过外部的管束来规范人的行为，而好的教育总是尽可能减少外部的管束，重在激发内在的自制力。自律是一种更高层次的品质，需要内在的意志、情感和道德的力量来支撑。我们需要通过激发学生内在的、自我的、向上的力量，去培养和维护其自律的品质。

所以，自律绝不是依靠管控、惩罚等外在力量得来的。特别是在学校教育中，管理要退一步，教育要进一步。“虽然我们可以把马引到水边，却不能迫使它饮水；虽然我们能把一个人关在教养所，却不能迫使他悔

---

①② 杜威. 民主主义与教育 [M]. 王承绪，译. 北京：人民教育出版社，2001: 37, 46.

③ 罗素. 罗素论教育 [M]. 杨汉麟，译. 北京：人民教育出版社，2009: 61.

过。”[①] 即使是那些没有自控能力的儿童，也不能通过管控和惩罚培养其自律性。

“自然后果法”的核心理念即儿童受到的惩罚，只是由其过失带来的直接的自然后果，而不是人为的额外的惩罚。这个理念可以追溯到卢梭的自然教育思想，后来斯宾塞对此进行发扬。现在比较流行的简·尼尔森提出的“正面管教”，也是沿用了自然后果法的教育理念。自然后果法能够让孩子体验到直接的后果，有利于培养孩子的理性。他们在体验中不仅能学到规则和法则，更理解了规则背后的理由，从而产生对自律的内在认同。

自然后果法有其内在的公正性，孩子不会觉得委屈和不平，一般不会激发他内心负面的心理感受。如果孩子因为错误的行为而受到人为的额外的惩罚，他就会感到委屈，甚至心生不平，也就不会发自内心地追悔自己的过失，下次也许还会故意犯错。在教育实践中，父母或教师往往走向了反面，给有过失的人以人为的惩罚，而把自然的惩罚揽在自己身上。这样的教育难以培养出学生自律的品质。

自然后果法有几个特点。首先，自然后果必须与行为有相关性，比如，孩子将牛奶洒在地上，那他就要负责清理干净；其次，自然后果必须是合理的，家长就事论事，不借题发挥，也不老账新账一起算；再次，自然后果一定不能包括指责、羞辱，并且家长需要和善而坚定地执行，没有情绪化的言行；最后，自然后果一定是家长或老师提前告知了的，而不是秋后算账。比如，家长可以和孩子共同制定使用电子产品的规则，让孩子知道，如果他不能正确使用电子产品，将失去自由使用的权利。这种自然

① 杜威. 民主主义与教育 [M]. 王承绪，译. 北京：人民教育出版社，2001: 33.

后果是“固定不变的，直接的，毫不迟疑的和逃不掉的”[①]，而不是带有指责、羞辱或者牵扯到其他事情上的惩罚。这样的方法容易培养孩子的理性，一点一点增强他的自律性，增加他内心建设性的力量。

三、从自律走向自主

自律是自主的前提，自主是教育的目的。一切学习，本质上都是自我建构；一切教育，归根结底是自主教育。教育就是让学生在自主、自治、自决、自立的过程中获得成长，成为具有自主能力的人。

自主是一种能力，需要培养。比如，对自主学习能力的培养。在青岛中学，我们倡导从教走向学，学生是学习的主体，教师是学生学习的设计者、组织者和指导者。教师通过设计学习目标、学习任务和诊断评估，让学生在完成核心任务的过程中，学习知识和技能，培养能力和素养。在学生学习的过程中，教师除了提供学习资源以外，更重要的是提供工具、方法、策略、量规等脚手架，让学生根据自己的学习偏好，选择性地运用这些脚手架，进行有效学习，通过授之以渔，培养学生的自主学习能力。

比如，对自主选择能力的培养。青岛中学开发了近 200 门课程供学生选择。从小学三年级开始，学生可以自主选择部分课程；从小学六年级开始，学生可以自主选择大部分课程。1000 个学生就有 1000 张不同的课表。选课的目的是让学生能够根据自己的兴趣、爱好、未来发展方向，选择适合自己的课程，满足不同潜质学生的多样化需求，帮助学生发现自己、唤醒自己，并最终成为自己。同时，也让学生学会选择和放弃。在现

① 斯宾塞. 斯宾塞教育论著选 [M]. 胡毅，王承绪，译. 北京：人民教育出版社，2005: 92-93.

代社会，选择是一种重要的能力。在青岛中学，学生不仅可以自主选择课程，还可以自主选择心仪的导师，选择自习的地点，甚至可以选择自己的作息时间。

再比如，对自主管理能力的培养。其中，最关键的一条是教会学生如何使用时间，如何进行时间管理，让他们学会如何独立地、有益地利用空闲时间，而不是想办法将他们的空余时间排满。有些学生上大学后或者走上工作岗位以后不知道如何管理自己的闲暇时间，因为他在学生时代没有过空余时间，也没学会如何使用闲暇时间，更不知道闲暇时间是一个人精神生活的巨大福利。青岛中学在每个学期的中间设立为期两周的小学段，这两周时间不上课，除了游学以外，全部时间由学生自主安排。学生在导师的指导下，设计安排小学段的学习和生活，并进行自我监控和评估。一般通过两个小学段的自主设计和管理，学生基本能掌握自主管理时间的能力。

学生还通过学生会、自主管理学院等自治机构，以自主、自决和自治的方式，管理自己的学习和生活。初中学部的学生自主成立的食品管理委员会制定了禁买食品目录清单，规定了超市中哪些食品不可以购买，并在学校超市周围进行“执法监督”。虽然监督者和购买者之间常常玩猫捉老鼠的游戏，甚至偶尔还会出现所谓的“钓鱼执法”进而引起纠纷，但学生是在校园里学习与实践民主与自治，也培养了自主管理能力。学校是学生犯错误成本最小的地方，是学生实验自治与民主的场所，这也是他们未来社会生活的浓缩和预演。

在十年级和十一年级，导师要指导每个学生制定自己的人生规划，这份自主制定的人生规划是学生成长的蓝图。学生在教师、父母和同学的见证下，在比较正式的仪式上，发布自己的人生规划。这是一个目标，是一种责任，是一份需要践行的承诺。

自主意味着责任。自我选择、自主规划、自我管理的背后，是对责任感的培养。选择是一种衡量，是一种价值判断，学生在选择中学会为自己的选择负责。这是自我教育，自主成长。正像苏霍姆林斯基所说：“我深信，只有能够激发学生去进行自我教育的教育，才是真正的教育。”[1] 我们希望青岛中学的学生，在自由中学会自律，在选择中获得成长，最终实现自主、自立。

① 苏霍姆林斯基. 给教师的建议 [M]. 杜殿坤，编译. 北京：教育科学出版社，1984: 350.

记得那年初相遇

只有我们真正面向每一个个体的时候，我们才是真正做到了面向全体。

一、第一时间叫出学生的名字

经常有新入职的教师问我，能不能给初为人师的他提一些有用的建议。这使我回想起自己当年初入职时的情形。

30 多年前我大学毕业后，担任班主任。我虽然接受了师范大学四年的正规训练，但似乎并没有掌握如何做一名初职教师的具体工具、方法和策略。倒是有一位老教师说的一句话，我记在了心上：“新生来报到的时候，你要一见面就能叫出他的名字，这能够一下子镇住学生。”

回想我的学生生涯，倒是真的有过这样的经历。上高中报到的时候，班主任直接叫出了我的名字。上大学的时候，我的辅导员老师到学生宿舍后，一见面就叫出我的名字。这让我觉得惊讶、亲近又敬畏。

于是，我第一时间从教导处拿到我们班 52 个新生的学籍表，对照上面的学生照片和姓名，努力去记忆他们的模样和名字。虽然不能全都记得，但在报到时，能够叫出大部分学生的姓名。在让学生暗暗吃惊的同时，自己也有小小的得意。

其实，这是教师与学生个体之间建立初始连接的一个小工具。

教师新入职或新接手一个班级，都是与学生初相遇，非常需要这样的工具。使用这样的工具，教师可以在比较短的时间内了解学生，并迅速与每一个学生建立初始连接。

二、如何快速了解学生

最近我在读杰伊·麦克泰格和朱迪·威利斯的《升级你的教学》一书，书中提供了一些有益的可操作的工具，可以为新入职的教师带来启发。

在新学期开始时，我们花一点时间去了解学生，可以在一年中带来有价值的回报。你收集的信息可以帮助你找到将学习内容与学生联系起来的方法。也许更重要的是，它向学生发出信号，表明你关心他作为个体的感受。以下是在学年开始收集信息的实用方法示例，以帮助你了解学生已有的经验、兴趣以及学习优势和需求：

- 让学生给你（和其他老师）写一封信，描述他作为学习者的一些基本情况。以下是一些提示：

——你最喜欢的学科（或某一学科的某些方面）是什么？

——你最不喜欢的学科（或某一学科的某些方面）是什么？为什么？

——你在学校里擅长什么？

——你觉得哪些方面对你来说最为困难？

——你怎样可以学得最好？

——你希望老师知道哪些情况以便帮助你更好地学习？

- 让学生写一篇迄今为止生活的简短传记，讲述他们最生动的（积极的）记忆，包括他们上学以来的相关信息。

在收集信息时请注意，小学低年级学生尚不能通过文字进行书面表达，你可以让他们使用音频或视频工具，也可以从学生的父母那里获得相关的信息。

- 让学生父母给你写一封信描述他们的孩子。以下是一些提示：

——孩子的兴趣和爱好是什么？

——孩子在哪些方面比较优秀？在哪些方面感到最有困难？

——孩子怎样才能学得最好（例如，听、看、做）？

——你希望我知道哪些情况以便帮助孩子更好地学习？

我们可以从高年级的学生那里直接获取相关信息。

- 你可以请高年级的学生为过去的重要事件绘制一张“生活地图”，并绘制一张“未来地图”，标明未来 5 年和 10 年内计划或希望达到的目标。
- 或者要求学生使用上面列出的这些问题进行一次同伴访谈，然后让每个学生用访谈收集到的信息，向全班介绍他的同伴。
- 或者请互相认识的同学填写同伴提名表。以下是一些提示：

——如果你在课堂作业或家庭作业上遇到困难，你会向谁求助？

——你更喜欢和谁一起合作学习？

——你不想让谁加入你的团队？

——谁是本班最认真的学生？

——谁是这个班最有创造力的学生？

——如果老师不得不离开教室，谁能最好地管理这个班？

你还可以借此机会，了解学生对教师的期待：“让学生知道你尊重他们，并对他们的感受做出回应，你可以请学生告诉你，他们在最优秀的老师身上发现了哪些特点。学生列出的特点清单往往很相似，因为大多数学生在老师身上寻找的品质，也是他们在朋友身上寻找的品质——例如，公平、不偏爱、真诚、准备充分、善于倾听，以及良好的幽默感。班级教师的共同品质可以就此生成和发布。”①

当学生感觉到被教师了解和接纳时，我们可以说积极的学习环境得到了加强。你这样做，可以让“这一个”学生感受到，你很关注他，也很在意他。为此，他会付出更多的努力。研究表明，教师对学生的关注和期待，是影响学生表现的重要社会情感因素。

我们自己过去做学生的经历，也告诉我们同样的道理：如果我觉得某个教师真的关心我、关注我，相信我的学习能力并给予高期待，我可能会因为受到激励而努力学习。

希望这些策略能给新入职的教师一些帮助。

三、教育是一段师生相遇的旅程

教育是一段师生相遇的旅程。教育发生在相遇之后。相遇表明了一种关系的初建立，因为相遇而产生关系，因为关系的建立，人与人之间产生新的意义。

师生关系的建立，是从相遇、相处再到相依的过程。值得思考的是，师生关系不是一对多的关系，而是一对一的关系，是我与“这一个”学生的关系；不是“我与你们”或者“我与他们”的关系，而是“我与你”的关系，是两个主体之间的关系。

我们有时候习惯于在课堂上称学生为“大家”或者“你们”，其实，

---

① Jay McTighe, Judy Willis. Upgrade Your Teaching: Understanding by Design Meets Neuroscience [M]. State of Washington: ASCD, 2019: 146-148.

从来就没有“大家”这个人，只有一个个的个体，而且每一个个体都有自己的独特性，都有自己作为个体的独立价值。

当我们将学生视为“大家”和“你们”时，个体被抽象为集体的一分子，就已经消失在集体之中了。其实，“没有也不可能有抽象的学生”。[①]虽然我们是在集体中教育学生，但“这一个”更具意义，因为从关系的本质来说，师生关系是个体之间的关系。

这就需要我们对每个学生个体有深入的了解。在师生相遇的初始，让每个学生都感受到你对他的关注。

当然，这只是与学生之间建立初始连接，如果要和学生建立深度连接，从相遇走向相依，让教育真正发生，还需要教师的爱心、热情、敬业精神和专业态度。

现在我仍然能记住 30 多年前我担任班主任时教的第一届学生的名字，了解他们每个人的性格、兴趣与天赋。后来我每接手一个新班级，总是努力在第一时间叫出学生的姓名。再后来，做教师久了，教的学生多了，有时候站在讲台上，却不能叫出教室里每一个学生的名字。这是我现在回想起来深感惭愧的事情。

① 苏霍姆林斯基. 给教师的建议 [M]. 杜殿坤，编译. 北京：教育科学出版社，1984: 1.

从相遇走向相依[①]

教书最重要的不是学科层面的东西，而是用爱与孩子们建立起一种联系，一种亲密的关系。

——丽贝卡·米利沃基

2013 年暑假，我请学校团委书记重新组织编写一本学生喜欢的、生动活泼的、充满青春气息的学生手册。团委书记有点儿为难，我建议她让学生参与编写，因为学生会带来许多新的元素与创意。暑假结束前，我看到了大变脸后的新版学生手册。全部内容均由学生手绘完成，图文并茂。其中“重要人物”版面画上了学校领导和年级部主任的卡通头像，每个人物的特点都很鲜明。可是我仔细一看，却发现校级领导中党委副书记的头像没画上去。难道是因为学生粗心？团委书记询问后答复我，学生不是粗心，而是认为党委副书记和他们没什么关系，不属于重要人物，所以就没画上去。

这引起了我对学校教育中“关系”的思考：关系在学校教育中有什么意义？我们和学生之间究竟有什么关系？我们是不是真正和学生之间建立或产生了有意义的关系？

① 本文发表于《中小学管理》2016 年第 1 期。

一、关系产生意义

关系是指人或事物之间相互影响、相互作用的状态。人是社会性动物，人的本质是社会关系的总和。在学校教育中，师生之间、学生之间、师生与学校之间建立起了特定的关系。这种关系的建立是教育的意义之一。师生关系是学校里最基本的人际关系；良好的师生关系是教育的前提，如果学生不喜欢老师，不喜欢学校，那么，教育还没开始，就已经结束了。因此，师生关系的建立是教育的起点。

举行高三毕业典礼时，我作为校长，要给毕业生颁发毕业证书。这是象征性的——以班级为单位，20 个班级各派一名代表上台领取毕业证书。2014 年毕业典礼，我做了一点儿改变。我将毕业证书亲手颁发给每一位高三同学，并说上一句勉励的话，与学生行击掌礼。很多学生还要额外索取一个拥抱，或者一起合个影。证书颁发过程持续了 40 多分钟。在这 40 多分钟里，作为校长，我与 1000 名学生有了近距离的接触，产生了直接联系。

半年以后，寒假到了，大学放假比中学早些，毕业的学生照例回母校来看望老师。奇怪的事情发生了，几乎每一个毕业生见到我，都老远就高声问候："校长好！"这句话亲切而温暖，令这个寒冬有了别样的暖意。当校长多年，似乎这一届毕业生格外懂礼貌，给我留下了深刻的印象。我后来思忖，这是因为毕业前的击掌与拥抱起了作用，是我在毕业证书的颁发过程中与学生的交流与连接产生了意义。这是关系的意义。

马鞍山市第二中学有 3000 多名学生。平日我在校园里遇见学生，大约有一半学生会主动问候"校长好"，也有些学生视若无睹。有时我也嗔怪学生的无礼，但扪心自问：作为校长，你究竟和学生有什么关系？平日坐在办公室里，偶尔高高在上地出现在主席台，叫不出几个学生的名字，很少进学生课堂，绝少与学生交流……这样的校长与学生究竟有多大关系？学生凭什么要问候你？

反思改变行动。我寻找机会给学生开设讲座和校本课程，参加他们的活动。我请团委和学生会每周组织一次“校长有约”活动，学生自由报名，每次请 8—10 名同学；活动结束时，我会给每位学生送一本书，并与学生合影留念。在这个过程中，校长与学生个人之间有了真实的接触与联系，建立了真实的关系。

校长与老师之间的关系也是这样。2013 年春节前，我给本年度最让我感动的九位老师写新春贺卡，并在年终教师会上宣读我的贺词，表达我的感谢，最后将贺卡当场送给这九位老师。我挑选的九位老师是普通教师的代表，平日很少有机会得到正式表彰。我还记得送贺卡时的情景，读完第一封贺卡时，获赠老师已泪流满面，不少老师也热泪盈眶。事后很多老师对此印象深刻。他们开玩笑说，校长的贺卡既是最高的奖赏，也是最好的春节礼物。其实，并不是这些话语本身有什么魔力，而是校长与教师之间通过这个载体建立了关系，发生了联系，进而产生了意义。

教师也是如此，如果你只是站在讲台上讲课，只教书而不关注学生，连学生的名字也不能全部叫出来，那么你们虽然是师生关系，但事实上并没有建立真正的联系。2012 年美国国家年度教师丽贝卡·米利沃基曾于 2014 年来上海市交流，她在演讲中与中国教师分享了她的教育心得。她非常注重与学生的联系。她说：“刚做教师时，我急切地要把知识传授给学生，但是几年后，我意识到，教书最重要的不是学科层面的东西，而是用爱与孩子们建立起一种联系，一种亲密的关系。”[①] 孙云晓老师认为，师生间的好关系胜过许多教育。

---

① 褚清源. 为“改变”而教 [N]. 中国教师报，2014-10-8(10).

二、教育是无止境的相遇

教育发生在相遇与邂逅之中。校园生活中有无止境的相遇：师生的相遇，学生同伴间的相遇，师生与学校、学科及自己内心的相遇……相遇表明了一种关系的建立。有一次我去听高三语文课，学生正在课堂上交流读书心得。一位学生谈她读法国文学作品《小王子》的感受，她在阅读报告中写了这样一段话："关系一旦建立，我们彼此都成为对方独一无二的存在。你是我的唯一，我是你的唯一。就如同一朵普通的玫瑰花，因为你与它相遇，并对它充满爱意，与它建立了关系，这朵花就是美好的。人与人的关系更是如此。"

也如王阳明所说："汝未看此花时，此花与汝心同归于寂；汝来看此花时，则此花颜色一时明白起来。"王阳明所言既可以从心学的角度解读，也可以从关系建立的角度进行解读。因为相遇而产生关系，因为关系的建立，人与物、人与人之间产生了新的意义。

相遇是关系建立的起点，关系的建立是教育的前提，相遇的意义在于它为关系的展开与深入提供了可能。英国哲学家齐格蒙·鲍曼提出"和睦"的概念及其形式：相伴、相处、相依。[①]他所指的"和睦"的本质是良好关系的建立。在学校教育中，我们也可以借鉴和沿用他的说法，将学校教育中的关系分成三个层次，依次是相遇、相处和相依。

相遇（being-aside）是最低层次的关系，是关系建立的开始。从本质上说，学校生活中的相遇还不是真实的、有意义的关系，如果它有意义的话，也只是提供了建立进一步关系的可能。大家走到一起，成为同学和师

① 鲍曼. 生活在碎片之中——论后现代道德 [M]. 郁建兴，周俊，周莹，译. 上海：学林出版社，2002: 43-56.

生，这完全是基于偶然，是一场偶遇和邂逅。在这样的相遇中，大家虽同处一地，却有可能形同陌路；虽是同学或师生关系，也可能成为熟悉的陌生人。我们的校园里天天上演着这样的相遇：学生见到老师或校长绕着走，没有问候，没有交流，不发生接触和影响，甚至有一种无形的拒斥与疏离。就像在地铁上或候车室内，人们虽然相遇在一起，却不发生连接，一有机会就要制造距离，比如，把一把雨伞放在旁边空置的座位上。这种关系其实是虚无的、不真实的。表面上是同学或师生，实际上没有任何实质性的联系。三年校园生活结束后，各自散去。正如一场舞会，大家相遇在一起，但是曲终人散；也如旅行中的一次偶遇，旅程结束后，各奔东西。它没有未来，没有后果，不产生影响，也没有意义——如果仅仅是相遇而不走向相处和相依的话。这样的师生关系是虚假的师生关系，这样的同学关系是虚假的同学关系。那只是一场相遇。

相处（being-with）是从相遇往前走了一步。人与人之间不再相互拒斥，而是产生了一些联系，各自的存在对彼此产生了一定的影响。比如，同班同学之间、教师与学生之间、学生社团的成员之间等，通过一些载体与通道联系起来，关系由此向前深入了一步。关系是相处的结果，良好关系的形成需要相处的时间。但是“相处”与“相依”仍然存在差别。双方虽然发生了联系，但不够深入，没有走进对方的心灵，未触及情感，当面欢声笑语，内心冷漠隔离，彼此之间只是一种表面的关系；相处是局部的关系，双方只是在某些方面有过接触，并未有全方位的联系；相处也是短暂的关系，相处结束，关系亦结束，对未来不发生或较少发生影响。

总之，相处的关系虽然有过影响，却是不全面、不深刻、不长久的。一些在学校时调皮的学生毕业多年后对母校和老师的感情特别深厚，可能是因为当年在学校时，老师与调皮的学生接触多，用心多，建立的关系更为深厚。随着岁月的流逝，这种关系沉淀下来，历久弥新。而一些学习成绩不错的学生毕业后对母校却很淡然，甚至会记不起教过自己的老师的姓名，可能是因为当初在学校，这些学生与老师之间并没有建立起深刻的关系，也就难以产生久远的影响。

三、从相遇走向相依

相依（being-for）是和睦关系的高级形式。从相遇走向相处、相依的过程，是有意义的关系逐步建立和深化的过程。相依是对相处的超越，相依是相互嵌入，相互影响，相互依存与融合。相依的关系，触及心灵与情感，是一种内心深处的相互抵达。相依的关系是“为了对方”，与对方的生命互相依存，并留下深深的印记。在相依的关系中，教育发生了——因为教育是人格、心灵与情感交互作用的过程。相依的关系生成意义，产生影响，而且这种意义和影响是长久的、深刻的。

2014 年 11 月，马鞍山市第二中学要举行年度“最受欢迎教师”表彰活动。一位毕业后在北京上大学的学生给我写信，她得知一位她尊敬的老师当选，希望能在表彰之日赶回来为她的老师献花。表彰会上，当这位学生拖着行李箱，手捧鲜花，出现在老师面前时，这位老师很意外，也很感动，师生紧紧拥抱在一起。我想，这位老师在过去的三年里，一定和这位学生建立了非同一般的关系，才使得这位学生千里迢迢赶回来，给老师献上真诚的祝福与感谢。这种关系就是相依的关系。

2015 年春节，我接到一位 30 年前毕业的校友的电话。她想给母校捐款 100 万元，设立奖学金，唯一的要求是以她当年的班主任的名字命名，以感谢老师六年的教导，感谢母校三十年前的培养。这位校友是工薪阶层，为何有此善举？在我看来，一定是母校和老师在她十几岁的时候对她的成长有过深刻的影响。她和恩师及母校之间是相依的关系——老师当年对她谆谆教导，学生长大以后回馈母校，这种关系是深入的、长久的，并对双方都产生了有意义的影响。这种关系长久而深刻地影响和改变着双方。

学生毕业离开学校后，把所学的知识全部忘记，剩下的东西就是教育，是对学生一生成长产生影响的东西，是他与母校和老师相依关系的成果。

我在网上读到一位我们学校毕业的校友回忆母校的文章《马鞍山二中教会了我什么》：

回家的路上，我看到那些中学生穿着洁白的校服有说有笑地走着，便想起自己的高中时代。我时常扪心自问：我在二中究竟学到了什么？她教会我的东西对我的今天有什么影响？

二中见证了我最美好的岁月，见证了我好好学习成绩却依旧不见提高的沮丧，见证了我偷偷喜欢一个人却什么都不敢做，见证了我想批判这个世界却没有勇气。二中教会了我很多知识，尽管高中课本的内容对现在的我几乎没有任何用处。我后来选择学语言学，再也用不到那些数学公式，偶尔在看天气预报的时候会想起自己学过洋流和季风……

有一位名人说过，一个人把在学校学到的知识忘掉后，剩下的就是教育。我想，二中教给我最重要的应该是两点：自由和自律。自由，不追求完美的统一；自律，不沉溺于纷扰的世界……二中是我永远的骄傲，我可以偷偷抱怨她，但不希望听到外人说她的不是。

她与母校之间的关系，超越了相遇与相处，走向了相依。

我最近读李叔同的书法，其中有一幅信札《与刘质平书》：“余虽修道念切，然决不忍置君事于度外。此款倘可借到，余再入山。如不能借到，余仍就职至君毕业时止。君以后可以安心求学，勿再过虑，至要至要！”[①]

李叔同先生当年在浙江教书时，资助学生刘质平赴日本学习音乐，这是他给刘质平的回信。此时，李叔同正准备出家修行，但刘质平尚未毕业，且毕业之前的学费尚无着落，李叔同四处筹措，并决心若借不到钱便推迟出家日期，以续职薪资供刘质平读书。信中师生情谊，跃然纸上；二人虽为师生，却情同父子。这样的师生关系，令人感佩不已。这样的关系，是对相依的最佳诠释。李叔同为了学生，倾心尽力；刘质平后来成为中国现代音乐教育家，他以学生兼后辈的身份，竭尽全力，照顾李叔同的晚岁。这样的关系，其真谛在于“为了对方”，以自己的付出成就对方，并产生深远的影响。这是相依的意义所在。

相依是学校生活的美好状态，是学校生活的一种境界。从相遇走向相处、相依的过程，是学校生活中良好关系的建立、巩固与深入的过程，也是教育意义发生的过程。作为教育工作者，我们应该经常自问：我们与学生究竟结成了什么样的关系？在这种关系中，我们对学生产生了什么样的影响？教育的意义或许就在这样的追问和回答之中。

---

① http://painting.022china.com/2012/10-11/755765_0.html.

关系的意味

凡真实的人生皆为相遇。

——马丁·布伯

一、教育应面向每一个个体

关系的本质是意义的建构。不同的师生关系建构着不同的教育意义。在我们的课堂上，师生之间是什么样的关系?

我们有时候习惯于在课堂上称学生们为“大家”或者“你们”，这隐喻着师生关系是“我与大家”“我与你们”，甚至是“我与他们”的关系。在这样的师生关系中，学生永远是“大家”中的某一个人，个人只是集体中的一员。

其实，从来就没有“大家”这个人，只有一个个个体。而且每一个个体都有自己的独特性，都有自己作为个体的独立价值。

当我们将学生视为“大家”和“你们”，个体被抽象为集体中的一分子时，个体就已经消失在集体之中了。这是自我身份的丧失，本质上也是归属感的丧失。

我们特别强调面向全体，这并没有错。但是，只有在我们真正面向每一个个体的时候，我们才是真正做到了面向全体。

二、重新建构“我与你”的关系

在有些课堂上，师生关系是“我与他”的关系。在这样的关系中，学生被客体化、对象化，丧失了主体的位置。这样的师生关系是工具理性，而非价值理性。

信息时代以前，师生之间基本上是主动与被动、权威与服从、授与受、主与宾的关系。在这样的关系中，学生成为被动的“他者”，处在客体的位置。这是学生主体性的丧失。

在“我与他”的关系中，学生以第三人称的身份来学习，“我”为主体，“他”为客体，师生之间是单向度的授受关系。学生的学习过程，应该是学生主动探究知识的过程。但在这种授受关系的传统教学中，教师的独白式教学使学生扮演了被动接受的角色。作为学习的主体，学生活跃的空间和时间受到了限制，学生的自我探寻被排挤、被遮蔽。

在“我与他”的关系中，学生主体性的丧失，不仅使得学生被他者化，也容易使学生被工具化。在课堂教学中，学生往往成为教师教学的对象和工具。学生要配合教师，甚至猜测教师的意图，进而迎合教师。如是，则学生成为手段和工具，而不是目的。但是，人是目的本身，人永远不能成为手段。

很多学生行为问题最终可以归结为师生关系的问题，看起来似乎是学生违反了规则，究其原因，是师生交往出现了问题。师生交往被定位在了“我与他”的立场上。

我们应该将学生从宾语的“他者”中重新置换出来，让“他”成为“你”，重新建构“我与你”的关系。

三、课堂教学是一种邀致

“我与你”的关系是主体间性的关系。德国著名的哲学家马丁·布伯写了一本书《我与你》，他认为，“我与你”的关系才是本真的关系。“我与你”之间，没有阻碍，相互敞亮，相互对等，彼此信赖，开放自在，直接无间。在“我与你”的关系中，双方都是主体，彼此之间的关系是双向的本真关系。“我与你”的关系，“要求人用自己的整个身心对别人的全部存在做出回应”[①]。

雅斯贝尔斯也这样认为，“训练是一种心灵隔离的活动，教育则是人与人精神相契合，文化得以传递的活动。而人与人的交往是双方（我与你）的对话和敞亮，这种我与你的关系是人类历史文化的核心”。[②]

课堂上的师生关系，正是“我与你”的关系。在“我与你”的关系中，学生以第一人称和主角的身份来学习。这是邀致的学习。

课堂教学是一种邀致，邀请学生参与有价值的学习活动。教师要让所有学生都感到，自己是被邀请来课堂进行有效学习的。很多时候，学生来到课堂是因为不得不来上这一节课。这种邀请表达了教师的乐观及对学生的尊重和信任。

邀致的学习是尊重学生主体性的学习。教师坦诚地表达对所有学生的高期望；信任学生，以公平与开放的态度允许学生自主学习，协作学习，甚至去犯错和试错，从而获得学习的成功；站在学生的立场，以学生的视角看待学习，与学生共情，而不是居高临下。

---

① 布伯. 我与你 [M]. 陈维纲，译. 北京：商务印书馆，2015: 131.

② 雅斯贝尔斯. 什么是教育 [M]. 邹进，译，北京：生活·读书·新知三联书店，1991: 2.

课堂上的师生关系，应该是主体间性的“我与你”的关系。师生互为主体，教师是教的主体，学生是学的主体。有了学生的主体性参与，教与学的活动才会真实地发生。

教学是一段旅程和探险。教师不是教学生去探险，与学生之间不是教与被教的关系；而是发出一种邀请，带领学生一起去探险，“我与你”在学习共同体中，共同建构学习的意义。

教学本质上是师生之间无止境的相遇和对话。我们应该将学生从集体的标签中重新置换出来，让“他”成为具体的个人；我们应该将学生从“他者”中重新置换出来，让“他”成为“你”，让师生关系在“我与你”的相遇和对话中重建教育的意义。

不真实校园生活的非教育性[①]

教师不仅仅是在培养个体，同时还在培养正确的社会生活。

——杜威

有一次，我和李希贵校长在北京十一学校的校园里同行，见到很多学生向他问好。我问他，在校园里，大约有多大比例的学生会主动向校长问好。李校长没有正面回答我的问题，而是说，我们不主张学生主动向老师或客人问好，我们主张师生之间相互尊重，而不是“人人问好、问好人人”。他在一次学术演讲中也谈到这个话题。他说，一个学生走在大街上，若见人一律问好，人们会认为他很傻。教育的最终目的是让孩子不断地社会化，社会什么样子，我们就希望他在学校朝着什么样子发展。

我理解李校长的意思是，我们应该创设真实的校园生活，让学生在这个真实的常态的校园里学会生活，逐步完成社会化的过程。反观当下的中小学校的校园生活却常常充斥着不真实的生活形式，上演着不真实的教育，流弊甚远。

---

① 本文发表于《中小学管理》2017 年第 5 期。

一、校园生活与社会生活隔离：剥夺了学生成长的机会

不真实的校园生活形式之一，是校园生活与社会生活的隔离。比如，很多学校禁止学生携带手机等电子产品进校园，试图创建一种纯净的校园生活环境，却忘记了学生是网络时代的原住民，手机是现实生活中的常备工具。学校在隔绝了手机的同时，也隔绝了真实的社会生活；在杜绝了学生使用手机玩游戏的同时，也限制了学生使用电子产品学习的权利；在杜绝学生犯错误的同时，也拒绝了许多教育的机会。

为了限制男女学生过密交往，有的学校规定男女学生在学校内不得同行，有的学校规定男女学生同行时的身体距离，有的学校要求男女学生分开就餐，比如，男生在食堂一层、女生在二层就餐，以减少接触的机会。这些限制，既剥夺了学生正常交往的机会，也剥夺了学生成长的机会。

将校园生活与现实生活隔离，看似是对学生的保护，其实是对学生成长权利的剥夺。等这些学生上了大学，或者进入社会，可能已经错过了成长的最佳时机。学校是允许学生犯错误的地方，犯错会给学生最有价值的经验。真实的校园生活才可能让学生展现真实的自我，在试错中获得经验，得到纠正，并学会成长。

早在 100 多年前，杜威就提出“教育即生活”的信条。他认为学校是社会生活的一种形式，“学校必须呈现现在的生活，对儿童来说应该是真实而生气勃勃的生活，就像在他们家庭里、在邻里间、在运动场上所经历的生活那样”。[①] 而“当前教育上大多数的失败，是由于忽视了把学校作为

① 杜威. 我的教育信条——杜威论教育 [M]. 彭正梅，译. 上海：上海人民出版社，2013: 3.

社会生活的一种形式这个基本原则。”[①]

学校是社会生活的一种形式。毫无疑问，学校生活并不完全等同于社会生活，而是一种简化了、净化了的社会生活形式。但在教育者的简化和净化中，校园生活往往走向另一个极端，以至于与真实的社会生活相分离。对学生来说，这种几乎无菌的校园生活并不是一种免疫与保护，而似一种糖衣，里面裹着苦果。

真实的校园生活是与社会生活相统一而不是隔离的。“学校既与社会隔离，学校里的知识就不能应用于生活，因而也无益于品德。”[②]无菌的校园生活，培养不出健康的个体，真实的校园生活才能产生真实的教育。虚无只能开出虚无的花朵，真实才能产生教育的力量。

二、空洞不诚实的教育：使学生产生虚假的道德和情感体验

不真实的校园生活形式之二，是“智力上的不诚实”（布鲁纳），即严重脱离儿童的认知水平和情感现实，不能引发儿童的任何思维和情感的活动。这种活动大而无当、空洞，是不诚实的教育形式。正如布鲁纳所说：“在一堂五年级的‘社会学习’课上提出市政府的概念，就是这种意义上的不诚实。”[③]

这种不诚实的教育给儿童带来的负面影响是长久的，也是深远的。特别是关于爱国、爱党这类高尚、神圣而又抽象的情感教育，必须慎之又

① 杜威. 我的教育信条——杜威论教育 [M]. 彭正梅，译. 上海：上海人民出版社，2013: 4.

② 杜威. 民主主义与教育 [M]. 王承绪，译. 北京：人民教育出版社，2001: 377.

③ 布鲁纳. 布鲁纳对《我的教育信条》的评论 [M]// 杜威. 我的教育信条——杜威论教育. 彭正梅，译. 上海：上海人民出版社，2013: 303.

慎，谨防陷入空洞、虚假的误区。

苏霍姆林斯基说过："要让学校里所说出的每一句话都结出果实，而不是一朵空花……在学校里，不应当搞空洞词句和空洞思想。我想劝告教育工作者，要珍惜词句！当你要求儿童说出自己的思想的时候，要保持审慎而细心的态度。不要让那些高尚而神圣的词句，特别是关于热爱祖国的话，变成磨光了的旧分币！真正的爱是不必声张的。应当教会儿童去爱，而不是教他们去谈论爱。应当教会儿童体验和珍藏自己的感情，而不是教他们寻找词句去诉说并不存在的感情。"①

真实的校园生活是将教育活动与学生的认知水平相匹配而不是相分离。大而无当的空洞说教只能产生虚假的道德和情感体验，学生学到的只是关于道德的知识，而不是道德本身。

三、形式主义的校园生活：培养的是表里不一的双面人格

不真实的校园生活形式之三，是校园生活中的形式主义。听闻，一所学校校园里有三棵桃树，某年春天死了一棵，新上任的校长要求后勤部门想办法，于是后勤人员连夜赶工，手扎桃花，一夜"花"开。这不禁让人想起当年武则天在腊月天气赏花，上林苑一片枯枝。武则天训令："明朝游上苑，火速报春知。花须连夜发，莫待晓风吹。"

假作真时真亦假，长此以往就会上有所好，下有所效，以至于产生集体无意识的现象。前些时候，有些地区迎接上级基础教育均衡化发展检查验收，地方教育行政部门要求学校配合。学校除了编造各种材料外，还

① 苏霍姆林斯基. 给教师的建议 [M]. 杜殿坤，编译. 北京：教育科学出版社，1984: 366.

要求师生在座谈会和问卷调查中统一口径，以确保顺利完成验收。难以想象，检查结束后，领导与老师何以面对学生，如何对学生进行品德教育。

个别学校为了装点门面开展形象工程和面子工程，为了所谓特色进行教育教学改革，为了迎接领导视察举行具有表演性质的教育教学活动，为了政绩片面追求升学率甚至修改升学数据，为了应付各种检查而编造材料，为了追逐时尚而进行一阵风的教育教学创新……从本质上说，形式主义是虚假的变种。一所学校如果热衷于形式主义，必然放弃了对师生真实的校园生活和真实的学校教育的追求。

在真实的校园生活中，学生的知行是统一的而不是分离的。形式主义的校园生活，培养的只能是华而不实、表里不一的双重人格。

四、强制性的秩序与顺从：阻碍学生展现自由真实的个性

不真实的校园生活形式之四，是强制性的秩序与顺从。很多中小学制定了学生行为规范，其中大多数规定是“不准……”的句式。这些“不准”强调的虽是学校生活的秩序与学生的行为规范，其背后体现的却是一种规训与强制。学生统一发型，小学生上课时“双手背后”等，同样是强制性的顺从。

这种整齐划一的校园秩序是强制下的结果。换句话说，一旦学生离开这个环境，其行为可能呈现另外一种状态。在强制的环境下，学生缺乏相对的自主与自由，也没有展现自由真实的个性。“强迫的安静和强迫的恰当行为会阻止学生真实本性的流露，他表现出来的只是表象而不是本性。”[①]

---

① 杜威. 我的教育信条——杜威论教育 [M]. 彭正梅，译. 上海：上海人民出版社，2013: 262.

我们常常发现，不少学生在学校的表现与在家的表现相差很大，在学校的表现与在公共场合的表现大相径庭。这种强制下的顺从是在特定时空中的行为秩序，是不真实的表现，往往造成知行分裂。

强制只能产生奴性的顺从，自由才能有真实的自我展现。真实的校园生活是将学生的学习活动与精神成长相统一而不是相分离。强制性的规范培养不出自由、自律和自主的种子，只能造就奴性的顺从或者是无意识的反叛。自由不是强制，而是自我控制。自由而非强制的校园生活才能让学生真实地表现自己，并在与他人的社会互动中不断调适自己的行为，不断改进与成长，进而在学校、家庭与社会中表里如一、知行合一。

教育即生活，校园生活是学校教育的基础，或者说校园生活本身就是教育。有什么样的校园生活，就有什么样的学校教育。我们之所以强调创设真实的校园生活，乃是因为在真实的校园生活中，才能够产生真实有效的学校教育。

真实的校园生活，为真实的学校教育提供了现实的可能性；真实的学校教育，为未来的良善的社会生活提供了基础。教育不仅培养人适应未来社会的生活，而且创造未来社会的生活。我们今天有什么样的学校教育，明天就有怎样的社会生活。正如杜威所言："教师不仅仅是在培养个体，同时还在培养正确的社会生活。"① 从这个意义上讲，教育不仅培养人，而且具有改造社会生活的意义。也因为此，创设真实的校园生活，就有了更为高远的教育意义与社会意义。

① 杜威.我的教育信条——杜威论教育[M].彭正梅，译.上海：上海人民出版社，2013: 11.

借用学生的视角重新打量学校[1]

让我们重新放下身段，以一个学生的视角来打量我们的学校，以平视的眼光来体会学生的感受。

一、我们和学生的视角差异究竟有多大

我们如何看待学校？如何看待学校的教育教学和管理？成人与学生的视角是否一致？我们和学生的视角差异有多大？

我在马鞍山市第二中学工作的时候，有一件事让我重新思考这些问题。按照惯例，2012 年元旦，学校发布了“2011 年马鞍山市第二中学十件大事”。这是官方的发布，学校主要是站在管理者的角度总结过去一年中的大事：

1. 学校荣获“全国文明单位”光荣称号。

2. 学校荣获“全国消防安全教育示范学校”光荣称号。

3. 学校荣获“全国中小学德育工作优秀案例单位”光荣称号。

4. 学校的办学质量继续提升，高考各项指标再创历史新高，学科竞赛成绩稳居全省第一，我校学子巫与天获得第 42 届国际物理奥林匹克竞赛

① 本文发表于《中小学管理》2012 年第 7 期。

银牌。

5. 学校获得2012年北京大学“中学校长实名推荐制”推荐资质、2012年清华大学“新百年领军计划”推荐资质、2012年复旦大学“望道计划”推荐资质。

6. 学校获得第21届（2012年）全国中学生生物奥林匹克竞赛承办权。

7. 学校成功举办安徽省六校研究会年会、安徽省中学语文校长论坛等大型会议，广受好评。

8. 学校成立学生事务中心，实现学生事务一站式办理；竞选产生马鞍山市第二中学首届学生校长助理两名。

9. 学校建成教师书屋；成立教师奖励基金，首批募集资金134万元，启动“最受学生欢迎十大教师”评选活动。

10. 汪正贵校长赴美参加第二轮中美人文交流高层磋商会。

不久，学生会组织全校学生评选“我心目中2011年学校的十件大事”，并公开发布：

1. 每周五成为“自由着装日”。

2. 学校获得第21届（2012年）全国中学生生物奥林匹克竞赛承办权。

3. 学校获得2012年北京大学“中学校长实名推荐制”推荐资质、2012年清华大学“新百年领军计划”推荐资质、2012年复旦大学“望道计划”推荐资质。

4. 学校在高一年级和高二年级推行无人监考。

5. 课程调整，取消早读课，每节课调整为40分钟，每天9节课。

6. 学校举办“暖冬映象”2012 元旦大型文艺汇演。

7. 学校举办第四届“阳光心灵，和谐校园”校园心理剧创作、表演比赛。

8. 学校举办首届学生校长助理竞选活动并产生两名学生校长助理。

9. 学校开展 119 消防演习并荣获“全国消防安全教育示范学校”光荣称号。

10. 学校举办 2011 年秋季运动会。

两相对照，我们发现吻合度不高，只有 40% 的内容基本吻合。显然，学生关注的是和他们相关度大的事情，是让他们印象深刻的事情；学生觉得是大事我们也许觉得是小事，我们觉得是大事他们却可能并不在意。原来，我们之间的视角差异居然有这么大！

二、是什么造成了我们与学生看问题的差异

这引发了我新的思考：学生关注的事究竟是大事还是小事？

比如“自由着装日”。从 2011 年秋季开始，学校规定学生周一着正装，参加升旗仪式，周二至周四着校服运动装，周五为“自由着装日”，学生可以选择自己喜欢的服装。在我们看来，这是小事一桩，只是一项接受学生的合理化建议后做出的调整。但在学生看来，他们的着装权得到了部分尊重，他们的爱美之心得以表达，他们的个性化要求得到满足。所以，这件事被学生选为“十件大事”之一，既在情理之中，又出乎所有人的意料。

比如无人监考。这是我们推行诚信考试的一项尝试，学生可以自行申报参加诚信考试，编入无人监考考场。实践证明，这些无人监考考场的考

风端正，不仅节约了监考人力，更为重要的是，学生的自尊心得到激发、自律得到褒扬。所以，这在学生心目中是件大事。

比如元旦文艺汇演。这是学生的节日，是他们狂欢的时刻。这一年的元旦活动完全由学生策划、组织、执行，从广告宣传到舞台搭建，从节目安排到邀请嘉宾，从拉赞助到选服装，整个流程均由学生会独立操作。他们还别出心裁，向家长限量出售 100 张嘉宾票，所得款项全部捐赠给学校爱心社，用于资助家庭困难的学生。我们发现，学生策划组织的活动充满着青春的气息、时尚的元素、大胆的创意，深受学生喜爱。

是什么造成了我们和学生看问题的差异？究其根源，乃是我们的视角不同。管理者的视角更多的是俯视，是远观，自上而下看待学校的管理，甚至有时候可能是偏视、漠视。管理者可能觉得学校各方面的工作都还不错，但学生也许觉得学校的教育教学和管理到处都存在问题。学生生活在其中，他们的感受最具体也最深切。学生看问题是从内向外，他们的视角更多的是平视。我们与学生的差别是看问题的角度不同、位置不同，对问题的感受不同。

三、借用学生的眼睛来看我们的管理

能不能把学生关注的事纳入我们的管理视野？能不能借用学生的眼睛来看我们的管理？ 2011 年我们采取了一项措施，聘请学生做校长助理。其目的就是想请学生成为我们管理者的另一只眼睛，借用学生的视角来打量我们的学校，改善我们的管理。

经过半年的发动、竞选，最后我聘请了两位学生做我的助理。每个双周二的上午大课间，我和他们一起讨论工作。他们的工作方式有许多种：学校设立了学生校长助理接待日，每周五中午他们要在学生事务中心接待同学，面对面与同学交流，收集问题和建议，同时还要通过校园网收集同学的意见及建议；同学反映的一般性问题，他们请学校职能部门予以解决，同学反映的突出问题，他们则要进行深度调研并提出解决办法，参加学校行政会进行专题汇报，集体研究解决；他们还要列席学校涉及学生问题的各种会议等。同时，我要处理好学生校长助理与学生会之间的关系，他们的工作有分有合：学生会的定位主要是学生的自治机构，在团委指导下依托社团开展丰富多彩的校园文化活动；学生校长助理主要是为校长提供教育教学和管理方面的意见及建议，并通过调研提供相关决策参考，这既是学校行政管理工作的延伸和补充，也是学生参加学校民主管理的尝试。

学生校长助理上岗后的第三个月，向学校行政会提交了他们调研后写出的包括十个问题的报告。问题包括：学生电动车充电问题；食堂小卖部商品不明码标价问题；学生午休时间调整问题；阴雨天大课间调整问题；校服不合身问题；图书馆及相关馆室开放时间问题；厕所异味重问题；教学区域学生饮用热水问题；校内设置指引地图问题；实验班校本课程设置问题等。这些问题学生的关注度较高，学校两次召开专题会议，讨论研究学生的意见和建议。最后，除了阴雨天大课间调整问题以外，其他问题均得到解决，解决方案由学生校长助理在全校师生大会上公开发布。

这些问题的存在，显然已有时日。但是没有人将其提交到学校行政会，似乎也没有引起管理者足够的重视。也许在管理者眼中，这些并不是什么大事，也非重要问题，或者因长久以来一直如此便熟视无睹。在专题会议上，学校管理干部与学生校长助理热烈讨论、交锋，有些问题双方仍有不同意见和答案。产生这些不同的根源在于我们与学生的视角不同，感受不同。

比如老师上课拖堂问题，老师觉得多讲一些知识是为学生好，而学生觉得老师占用了他们的课间休息时间。比如校服问题，学生觉得春秋装校服的裤子面料不好，走起路来有沙沙的摩擦声，建议用同样深色的裤子代替，或者对下装不做要求，他们甚至愿意放弃周五的“自由着装日”来换取这一项诉求。学生管理部门显然不会同意学生的要求，只能让他们理解克服，但承诺将与厂家联系，下一年新校服做必要的改良。

我们和学生的意见之所以相左，有没有感同身受的问题，因为我们不在其中，不知其味；有怕麻烦的问题，因为解决有些问题就要增加管理的负担；有管理者的面子问题，因为有些问题恰恰是我们管理者制造的。

2011 年，我们举行了“最受学生欢迎十大教师”评选活动，活动共有两轮投票，第一轮由学生海选，在全校 220 名教师中评选出 50 名教师晋级入围。然后学生会收集学生、家长、同事对这些老师的评价，及这些老师自己的教育感悟，制作成宣传展板，在校内广为宣传一个月。第二轮投票结束后，产生十位最受学生欢迎的教师。学生为这十名教师分别冠名，学校对其进行表彰。整个过程均由学生会策划、组织，学生自主投票。

评选出的十名教师与我们管理者心目中的人选不尽相同，但都在情理之中。学生喜欢的理由也不尽相同，但也有存在共性的地方，比如，学生相对比较喜欢有幽默感的教师，但凡热爱学生的教师同样受到学生的热爱。

这也是我们借用学生视角的一次尝试，完全以学生的眼光来看待教师。学生的眼光与我们管理者的眼光存在差异，这种差异往往是有价值的。学生的眼光是有机的补充，值得我们重视。同时，这个活动让学生有更多参与学校管理的机会，有更多表达自己想法的权利；也让教师接受不同维度的评价，让更多不同类型的教师都有被关注、被肯定的机会。多一把尺子就多一批好教师，教师评价也和学生评价一样，应该有多元的评价维度、多元的评价主体、多元的评价方法。我们希望在师生的评价互动中，建构更加和谐的师生关系，促进学校教育生态的良性发展。

四、结语

我们的确并不知道，学校在学生心目中究竟是什么样子的，比如，我们的教育教学和管理存在哪些问题；我们也的确不知道，学生在学校里的真切感受，比如，学生的学业负担和心理压力；我们更不知道，校长、老师在学生心中是什么样子的。这并不是因为代沟和隔膜，而是因为视角不同。

我们做老师时间长了，早已忘记了当年自己做学生时的心理状态；我们做管理者时间长了，早已忘记当年自己是普通老师时的心理状态；我们已久不做学生，早已不太习惯用学生的视角来看待学校里的一切。

管理有两种视角：成人的视角和儿童的视角。管理应是两种视角的对话。

让我们重新放下身段，以一个学生的视角来打量我们的学校，以平视的眼光来体会学生的感受。

让我们成人借用孩子的视角，让我们教师借用学生的视角，让我们管理者借用被管理者的视角，借用他们的一双慧眼，重新打量我们的学校，改善我们的管理。

第二辑

可能性是教育者的信仰

追寻教育的温度①

教育是红烛上摇曳的火光，虽然微弱，却给人以光明、方向和温暖。

引　子

2010年教师节，学校工会给每位教师发了一个茶杯，并且请每位教师写一句自己的教育格言印在茶杯上。我在自己的杯子上写的教育格言是："教育应该是有温度的。"我的寓意是，教育像一杯茶一样，应该是温暖的。我天天用这茶杯喝水，以此自勉。

教育应该是有温度的。教育的温度源自教育的本质：心灵的对话。教育是用人格塑造人格，用个性濡化个性，用情操陶冶情操。教育是一棵树摇动另一棵树，一朵云推动另一朵云，一个灵魂唤醒另一个灵魂。心灵是在意温度的。

有一种正确叫作冷漠的正确，而教育一定不是冷漠的正确，不是冰冷的规训。教育应该是春风化雨，润物无声，带着温情去育人。在这个过程中，教训被感化所代替，清规戒律被文化氛围所代替；在这个过程中，学生的心灵被呵护，自信心被保护。教育教人求真、求善、求美，那么教育

① 本文发表于《中小学校长》2013年第1期。

自身的面孔也一定是真诚、善良、美好的，甚至这种美好与温暖是可以触摸的。

一、30 多年前的记忆

1989 年我大学毕业后，被分配到马鞍山市第二中学工作，担任初一（5）班班主任。有一次和当年的学生相聚，我问他们：“毕业这么多年了，我当年给你们的教育让你印象最深的事是什么？”他们几乎是相同的答案：“我们可以自由选择同桌啊！”“还记得些什么？”“没有了。”

我记起来了，当年我做班主任后宣布学生可以自由选择同桌。每人给我写张纸条，注明希望和谁坐在一起。正好两两配对的，不管是同性还是异性，我一概满足；没能配对的，由我按个头大小随机安排。二十多年过去了，我三年的所有教育，在学生心中只剩余这一点了。这有点儿出乎意料，细细思量又在情理之中。我不知道这是不是教育，但是我相信，我们离开学校以后之所以还记得一些人和事，可能正因为它是温暖的；因为温暖，所以记得。人的记忆是有选择性的。

这件事是我留在学生心中二十多年的温暖。回想起我的老师，留给我的温暖也很多。我上小学时，冬天教室四面透风，课间我们会去隔壁班主任的房间，老师会倒满满一脸盆热水，让我们把冰冷的小手伸进去取暖，今天回想起来，仍是暖暖的感觉。

我的中学班主任爱书如命，他告诉我们，每次看书前都要洗手，他唯一不外借的就是书。但他把一本厚厚的《朱自清散文选》借给了我，让我有选择地背诵，记得还给他时，封面已经泛黄起毛。2011 年，我回老家看他，他已经老了，但还记得这件事。我问他为什么当年主动把心爱的书借给一个乡村少年，他笑了，说：“我知道你喜欢读书，家里穷买不起书。”我现在还能背诵《荷塘月色》，我想不仅是因为朱自清的文字很美，也是因为老师给我内心的一份温暖让我永远感怀，难以忘记。

大学时代也给我留下了特别温暖的回忆。大三时我曾专门写信给时任安徽师范大学校长的张海鹏教授，向他请教一个历史学的问题，很快就收到了他的回信。先生虽然给我们上过课，但和我并无单独交流，而且我知道，作为大学校长，他公务非常繁忙，所以我没有指望收到他的回信。先生的回信写得很长，满满三页纸，蝇头小楷，一丝不苟，虽有修改，却无一丝潦草痕迹。文末他还鼓励我：“爱因斯坦说过，提出问题比解决问题更重要。希望你在日后研读历史的时候，能多提出些有价值的问题。”令我感动的是信末的落款：“张海鹏　88.3.2 晨。”这个“晨”一定是清晨，因为写这封长信约莫要花上一两个小时。我似乎依稀看到，在那个早春的清晨，年近六旬的先生披衣伏案，给一个素不相识的学生写了一封长长的回信。这一个“晨”字，也让我温暖经年。

二、“自由着装日”

马鞍山市第二中学的学生有四季校服，有正装、运动装，这些衣服很漂亮，每逢集会，穿着校服的学生整齐划一，很有气势。但我想，学生一定有自己特别喜欢的衣服，有自己钟爱的颜色，也一定想有机会在同学和老师面前展示自己心仪的衣服。试想，如果让学生从上小学到高中毕业，永远穿着统一的校服，也许不是一件令人愉快的事。有两件事加强了我的这种看法。一是高三学生毕业后，暑期来学校领取大学录取通知书。他们穿着自己有个性的五颜六色的衣服，洋溢着青春与活力，让人眼前一亮。二是我去美国中学访问，看到很多学校没有校服。他们的校长告诉我，公立学校的理念是，着装是学生的权利和自由，而且学生服装的颜色与他们心灵的颜色无关，就像他们的肤色也与心灵的颜色无关。即使他们穿着奇装异服，也与他们的品行无关，只不过是青春期孩子对美的一种理解和表达。

于是我征求学生和老师的意见，商定学生在每周一的升旗仪式和重要集会上着正装，周二至周四可穿校服运动装。每周五为“自由着装日”，学生可以穿着自己喜欢的服装，只要不太出格就可以了。“自由着装日”也成为校园的一道风景线。这件事被学生评为“我心目中 2011 年学校的十件大事”之首。北京十一学校规定学生参加完 18 岁成人礼以后，可以自由着装，也是出于同样的考虑，即对学生着装权的尊重。

兼顾统一与个性，协调规则与人文，这既是管理的艺术，也包含着教育的温度：让冰冷的规则更加人性化。这令我想起 20 多年前我做班主任的时候，学校要求学生统一发型，规定男生的头发要露出耳朵，女生不留长发，不留披肩发，一律剪为齐耳短发，并作为学生的日常行为规范要求，于是，全校掀起剪发运动。我们班上的一位女生平时留着长长粗粗的辫子，她在周记里给我写了一封信，和我讨论这个问题。她认为老师不懂得美，并不是所有人都适合齐耳发型，并表示拒绝剪发。我在批阅周记时和她反驳，我说个性是一种美，而对集体来说，整齐划一也是一种美。况且留辫子也不容易打理，早上梳洗需要时间。下一周她回信过来，说人的头发受之于父母，不可以随便剪，她自小就没剪过头发。最后她提出了一个折中方案，即将辫子盘在头上，同样干净利落，而且既不是长发，也不是披肩发。我最后同意了她的做法。后来学校的一位副校长在学校大门口值勤，检查学生的发型，还批评过她。20 多年过去了，我和她谈到这件事，她笑着说：“老师，您当年还是很民主的。”

三、学号与花名册

学生的学号和花名册究竟如何排序，是一个两难的实践问题。过去我做班主任的时候，学校是按照入学成绩排定学生的学号的。1 号就是班里入学成绩第一名，50 号就是第 50 名。这其实是给所有学生贴上了标签，并且公之于众。这会给学号排在后面的学生带来无形且沉重的心理压力，甚至是一生的阴影。其实，每个学生的发展都是动态的，特别是在未成年阶段，我们不能人为地贴标签。

1998 年我做校长后，进行的第一项改革就是改变学号的编排方式，即按照姓氏音序编定学号和花名册。这件事看起来很小，其实影响很大，因为它确实会影响学生的心理；看起来是个技术操作问题，其实隐藏着教育哲学、学生观和管理观，也隐藏着教育的一份温暖。

后来我在一本外文书上读到一篇文章，文章做了一个调查统计，发现美国四十几任总统姓名的首字母是 A—K 的比例，比首字母是 L—Z 的要大得多；然后文章又扩大了调查统计的范围，涉及政界、商界、科学界的名人，结论大体相当。文章认为，这也许和美国学校按姓名首字母给学生排序有关，序号排在前面的学生可能受教师的关注更多。文章将这种现象称为“字母歧视”。看来对未成年的学生来说，这种心理影响是有可能存在的。

2004 年，世界银行委托卡拉·霍夫去研究印度的种姓与智力之间的关系。印度虽然废除了等级森严的种姓制度，但是几千年的种姓制度造成的种姓歧视在印度不少地区仍相当严重。研究团队随机抽取了若干名某一年龄段的各个种姓的青少年，将其分成两组，两组的不同种姓的比例相当，其中一组在做智力测试前要说出自己的种姓，另一组则直接做智力测试。结果显示，前一组高种姓与低种姓青少年之间的智力水平有显著差异，后一组则没有显著差异。卡拉·霍夫最后的结论是，实验结果显示印度高低种姓的青少年在智力上没有显著差异，但仅仅是说出自己的低种姓身份就足以打击一个孩子的自信心。这其实是标签化的结果，是心理暗示导致的自我矮化。

我想起吴非老师在博客上写的有关希特勒小学毕业照的一段话，也说明了这个意思："《世界知识画报》曾刊登过一张希特勒的小学毕业照。小学生希特勒在合影中站在最后一排，两臂交叉。照片说明是：根据当时的惯例，拍照的位置按学习成绩安排，成绩好的学生坐在前排老师身边，成绩差的往后排，11 岁的希特勒是成绩最差的学生，所以站在最后一排。"①

这也是一种标签化，我们不知道 11 岁的希特勒两臂交叉，站在最后一排，在想些什么。

希特勒在中学读书时，学习成绩很差，而且性格孤僻、古怪。在他的班上，有一位后来享有盛名的学生，就是维特根斯坦，这两个同学当时都没想到几十年后会发生什么事。"出身于富豪家庭的维特根斯坦有教养，深得教师欢心，而'差生'希特勒一定死死地记住了维特根斯坦这个犹太学生的名字。（希特勒在他的自传《我的奋斗》里记载了这件事。）希特勒为什么疯狂地对犹太人实施种族灭绝，这与他幼年少年时的经历是不是有一定关系？我们可能没有足够证据来说明问题，但是作为教育者，完全有可能读懂一个性格有些偏执的孩子心头的不平。"②

陶行知先生说过："你的教鞭下有瓦特，你的冷眼里有牛顿，你的讥笑中有爱迪生。"你对待孩子的方式决定着孩子的未来。

---

①② http://blog.sina.com.cn/s/blog_7236653f0100ouoh.html.

四、分数条及其他

我当班主任的时候，每次考试结束召开家长会，学校习惯于将学生考试成绩的排名表发给家长，甚至张贴在教室里，于是学生的成绩和名次都被公开了。1998 年我做校长后，进行的第二项改革就是保护学生的分数隐私权。我要求班主任将每位学生的各科成绩和排名情况分别打印在一张小小的纸条上，放在信封里，交给学生和家长。只有老师、学生家长和学生本人知道他的成绩与排名。因为考试成绩是学生的隐私，仅限于教师和学生本人了解和掌握，家长作为监护人，也有知情权。但是教师没有权力将学生的成绩和排名公之于众。排名次的目的只是让师生和家长进一步了解教与学的情况，不能有其他用途，更不能作为评定学生的唯一标准。分数是学生的隐私，一张小小的分数条也隐藏着教育的温暖。

这样温暖的教育细节还有很多。有一次，我们请吴非老师来学校做报告，他说："我从来不给学生 59 分，以免家长责罚孩子；但也不会给学生 60 分，因为 60 分容易让人以为是老师照顾学生给的分，孩子难免要受到责骂；我会给学生加至 61 分，让学生在家长面前好交代。"他说，如果真有学生不及格，课堂上发试卷的时候他会将这张试卷悄悄扣下来，等课代表发完试卷再说："哦，还有张试卷忘发了"，并且会将分数折起来，亲自发给学生。这些细节隐藏着吴非老师的教育情怀，能让学生感受到教师内心的温暖。

教育应该是有温度的。教育的温度藏在细节之中，这些细节被精心设计，但又不刻意留下痕迹，让人感动却又难以言说。这是教育的艺术，教育应该注重细节，又隐藏细节，以小见大，情从细处生。

五、学生评语与中小学生守则

20 多年前我当班主任的时候，我们给学生的操行评语常常千人一面，千篇一律："尊敬师长，团结同学，热爱劳动，思想品德好，学习认真刻苦，成绩优秀……"

后来我见到了这样的评语："健康状况不佳。中等身材，不善辞令，沉默寡言。天赋高，判断力健全，记忆力强。文字通顺，作风正派，有时不太用功，神学有成绩，虽然尝试讲道不无热情，但看来不是一名优秀的传道士。语言知识丰富，哲学上十分努力。"这是 1793 年图宾根神学院给黑格尔做的毕业鉴定 。这样的评语很有个性，今天读来尚有余温。

我儿子读初中的时候，老师每年要求家长给孩子写评语，我是这样写的："心地善良，行为搞笑；智商不低，情商不高；人已长大，心龄还小；青春时短，莫负年少。"（初一）"聪慧不减，勤奋有加；长此以往，必有报答。"（初二）"人小鬼大，心高气傲；眼高手低，文理不调。"（初三）好的评语发自内心，也能打动内心；既有针对性也有个性，而不是空泛的笼统之语。

前些年网络上有人对中美两国的《小学生守则》进行比较，引发了热烈的讨论。其实，美国并没有统一的小学生守则，网络上传播的可能是美国某一所小学制定的小学生守则。网络上有人认为，我国的小学生守则过于成人化，空泛、笼统。2004 年我国对《小学生守则》与《中学生守则》进行了合并，并于 2015 年做了修订。不过，从内容上看还是没有太大的改变，仍然显得有些空泛。学生守则能否更为亲切、简单、实用，以小见大，充满教育的韵味？这使我想起一句话：大而无当的东西，好比对天空射箭，似乎都射中了目标，却没有针对性，缺乏教育的温度。

六、教育的温度来自教育者内心的温暖

教育应该是有温度的，教育的温度必然来自教育者内心的温暖。只有教育者内心温暖才能给被教育者以温暖，而教育者内心的温暖必然来自对教育和学生的热爱。

为了更好地激励教师热爱教育和学生，我们设立了用于表彰学校里师德高尚、业务精良、潜心教书、静心育人的教师的奖励基金，短短数月募集善款数百万元。我们的想法是让教师感受到来自社会的温暖，并用自己内心的温暖去温暖学生。教育者内心温暖是非常重要的，因为如果教师的内心是冷漠的，教育也就不可能是温暖的。

从更高的层次上说，教育的温度就是教育的情怀。教育应该有人文情怀，关注生命，关注人的成长。教育者只有内心有激情、梦想及对教育的钟爱，才会产生教育情怀。

孔子之所以伟大，之所以是教育家，是因为他有教无类，使教育从官府下移到民间，使老百姓的子弟也能有机会和贵族子弟一样接受教育；蔡元培之所以是教育家，是因为他抱有教育救国的理想和信念，他可以不当教育部部长而去当大学校长，他可以为了营救学生愤而辞职；陶行知之所以是教育家，是因为他对平民教育抱有理想和信念，在山河破碎、民不聊生的时代，他的教育理想不灭、教育情怀不改，他以哥伦比亚大学高材生的身份，回国推行平民教育、乡村教育和师范教育。所以，我认为一个人能否成为教育家取决于他是否拥有深厚的教育情怀——对教育的激情与梦想、理想和信念、执着与追求。回望过去，不由令人感叹：世上已无蔡元培，人间也无陶行知。教育家的身影，正离我们而去，渐行渐远。

结语

教育应该是有温度的，但是今天的教育有点儿冷。温暖是教育的应然，却不是目前教育的实然；温暖是教育的本然，现实中却成为教育的或然。

教育正在异化，离自己的本质远来越远，出现了很多非教育甚至是反教育的现象。也许我们走得太远，已经忘记了当初出发的理由。

教育应该是有温度的，因为孩子的心灵是花瓣上颤动的露珠，需要小心呵护，细心照料；教育是红烛上摇曳的火光，虽然微弱，却给人以光明、方向和温暖。

教育的隐喻

教师应该像农民一样坚守一亩三分地，精耕细作，满怀对土地的敬爱、对种子的期盼、对嫩苗的呵护、对果实的耐心，辛勤耕耘，默默奉献。

多年前，我在《读书》杂志（1995年第12期）上读到这样一段话："叶圣陶先生说过一句话：教育是农业，不是工业。别看这轻轻一句话，没有什么高深理论，旁征博引，宏大体系，这可是叶老从事教育数十年经验的结晶。"（吴道平：《自然？使然？——皮亚杰与乔姆斯基的一场辩论》）二十几年过去了，依然是言者谆谆，听者藐藐。我有时在想，教育究竟是什么？教育的属性是什么？是工业、农业、商业还是服务业？它究竟是哪一个产业类型？这其实是教育的隐喻，也许有人觉得这个问题不言而喻，或是个伪命题，但仔细想想其实很有意思。

一、教育是商业吗

我们都认同教育不是商业，也不能是商业，因为商业化的教育必然会带来两个问题，一是唯利是图，二是急功近利。但是现在一些地方的教育实际上很像商业，教育者和受教育者很像是在做交易，你付出教育，我付出钞票。前些年提出的"教育产业化"，实际上就是教育商业化，教育在市场上被公开叫卖，很大程度上损害了其公益性。有些学校录取学生，按分计费，毫厘不爽。有些教师做有偿家教，按小时收费，一手交钱，一手教课，和菜市场中的交易行为已没有多少差别了。在这个世界上，其实有很多东西是不能出卖和购买的，比如尊严，比如身体，比如教育。

一些地方的教育功利主义盛行，浮躁、媚俗、短视，往往为了升学率忽视甚至放弃学生的全面发展，为了今天牺牲了学生的明天，也可能牺牲了学生的未来。如果教育的功利性、目的性太强，会遮蔽教育的本真价值；从事教育的人也会忘记教育的本质，在世俗的大潮中随波逐流，不能自拔。教育的理想和追求、责任和使命、梦想和激情在教育者心目中还有多少位置？ 20 世纪的教育家如陶行知、蔡元培等，在国家残破的情况下依然对教育有执着的追求，满怀着教育的激情与梦想，以教育来拯救国家和民族，至今想来依然令人感佩不已。

二、教育是工业吗

我们认同教育不是工业，也不应该是工业，但是现在一些地方的教育很像是工业化大生产。从西方传来的班级授课制本身就是工业化的产物（我国古代实行的是因材施教的私塾教育和书院教育），它期望通过标准化生产培养标准化的人才。学校的课程、教材、教育教学、管理，大同小异，千校一面，千人一面。我们缺乏多样化的学校，缺乏多元化的教育，也缺乏多样化的人才。学生成为流水线上的教育产品，一个模子出来，个性被磨平了，可能创造力也被抹杀了。在这个过程中，学生更多的是被教育；在这个过程中，“生长”被“制造”所代替，“存养”被“规训”所代替，“教化”被“管理”所代替，学生的主体性被忽视，学生的个性和差异性被忽视；在这个过程中，学生缺乏选择权，学校缺乏生气，教育缺乏活力。

一些地方追求数量甚于追求质量，追求规模甚于追求内涵，万人中学、百人班级也不鲜见。一些学校追求升学率甚于追求成长，除了升学率，并无其他追求，学生成为考试机器，教育异化为工业，学校异化为培训机构，教育的温度消失在冰冷的规训之中。教育是慢的艺术，但在竞争性极强的教育环境里，速度带来的压迫感已经让学生不堪承受，一部分学生生活在自卑、焦虑、孤僻和隔膜之中，身心健康受损。

三、教育是服务业吗

那么，教育是不是服务业呢？有的人可能会回答是，但是我认为教育不完全是服务业。服务业讲究服务第一，顾客至上。顾客花了钱，就理所当然地接受服务。从大的产业分类把教育定义为服务业，有其合理性，但教育至少不是一般的服务业。教育是教育学生、培养学生而不是服务学生，教育是服务于学生成长的。教育有教育的尊严，教师有教师的尊严，学校和家长之间、教师和学生之间绝不是服务与购买服务的关系。

在有些民办学校，学生和家长对教师的评价可能决定着教师的去留，因而出现教师无原则地迎合学生和家长的情况。据媒体报道，居然有教师给学生下跪请求原谅的个案。有些家长联名要求学校调换教师，有些学生也参与其中，随意挑剔质疑教师的教学水平。教育的专业性、教师的尊严被漠视，教育被矮化了。在有些地方和学校，少数教师特别是班主任不敢管学生，不敢批评教育学生。教育者丧失的或放弃的不仅是批评教育学生的权利，更是教育的责任和义务，乃至教育的神圣与尊严。

四、教育是农业吗

那么，教育究竟是什么呢，可不可能是农业呢？当然不是，但是我觉得教育最像农业，也应该像农业。叶圣陶先生以自己几十年的教育智慧揭示出教育属性的隐喻：教育是农业，不是工业。古罗马教育思想家普鲁塔克也曾拿教育工作与农业生产相比较，他说教师和校长要像农夫一样，教学要像种子一样纯净，如果土地非常肥沃，但农夫耕作不得法，那是长不出好庄稼的。

教育是农业的隐喻带给我们很多启示：

一分耕耘，一分收获，没有付出就没有回报；

每一粒种子都不一样，每一片叶子都不一样，每一个果实也不一样，我们要因地制宜，因材施教；

种瓜得瓜，种豆得豆，不同的种子，有不同的发展方向；

农业是慢的艺术，慢工出细活，生长期越长越好，不能违背规律，不能拔苗助长，一切珍贵的东西都是慢慢生长出来的；

农业是一个生长过程，而不是制造过程……

教育是农业的隐喻让我们回归到教育的原点：我们是培育人，而不是制造“器”；教育工作者应该是园丁，不是工程师，也不是出卖知识的商人，更不是服务场所卖艺的艺人。教师应该像农民一样坚守一亩三分地，精耕细作，满怀对土地的敬爱、对种子的期盼、对嫩苗的呵护、对果实的耐心，辛勤耕耘，默默奉献。

英文单词“agriculture”（农业）与“culture”（文化）源于拉丁语中的同一个词根，有存养、培育的意思。文化和教育都是春风化雨的培育过程。这个过程与农业的培植过程是一致的。

我特别喜欢梭罗在《种子的信仰》中的一段话：“如果你在附近的田

野挖了一个池塘，很快就会看到池塘里不仅会出现水鸟、爬虫类和鱼类，还会有常见的水生植物。你的池塘一旦挖好，自然就开始进货。你可能不晓得那些种子是如何或在何时进去的，但大自然知道。”[①] 教育就是这样一方池塘，就是培育种子的过程。

教育被异化为工业，是教育的物化，人的培养过程被异化为器物的制造过程；教育被异化为商业，是教育的商品化，教育成为在市场上被公开叫卖和交易的商品；教育被异化为服务业，既是教育的自我矮化，也是教育尊严的失落；当然，教育也不能是低水平的原始农业。

其实，教育就是教育，任何隐喻都不能全部揭示教育的本质，也不能代替教育的本真意义，教育的全部意义在于促进人的成长和人类的再生产。

① 梭罗．种子的信仰 [M]．陈义仁，译．长沙：湖南文艺出版社，2019: 115.

教育中的平庸之恶及其他

正是这种平庸之恶，在不自觉和不自主的状态下，成了罪恶的帮凶。

一、教育中的“劣币驱逐良币”

“劣币驱逐良币”现象是16世纪英国人格雷欣首先发现的。它指的是在铸币时代，一旦那些低于法定重量或者成色不好的铸币（“劣币”）广泛进入货币流通领域，人们便倾向于将那些具有法定重量或者成色好的铸币（“良币”）收藏起来。在流通领域中，“良币”会越来越少，逐渐被“劣币”驱逐出去。

劣币驱逐良币的现象不仅存在于经济领域的货币流通中，在大自然中也广泛存在。比如，稻田里的稗子生命力极强，如果不加拔除，它将吸附地肥，影响稻子的生长。导致的结果是稗子长得很好，稻子营养不良。

在社会生活中，也存在这一类似现象。比如，人们在剧场中观赏演出时，前排有一个观众站起来观看，如果没有人制止，后面的人也会仿效，一个个相继站起来。结果是，站着看的人越来越多，坐着看的人越来越少。不遵守规矩的人占便宜，守规矩的人却看不到演出。这叫作剧场效应，也是劣币驱逐良币现象。

在学校教育中，也存在劣币驱逐良币现象。比如，一所学校片面追求升学率，让老师加班加点，让学生晚自习上课、节假日补课，并因此在短期内取得了一定成效。如果教育行政部门不加干预，那么其他学校就会竞相效仿。即便大家知道这样做既损害学生的身心健康，又违背教育教学规律，从长远看有很大的负面作用，但明里暗里还是会这样做。那些规范办学的学校可能要承受来自家长和社会的巨大压力，在压力之下也无奈效仿。久而久之，教育的生态发生变化，劣币驱逐了良币。

建设良好的教育生态和教育环境，需要政策规范和价值引导。让“劣币”没有市场，“良币”赢得信任和支持，我们还有很长的一段路要走。

二、教育中的“公地的悲剧”

“公地的悲剧”是美国生态经济学家加勒特·哈丁于 1968 年提出的。哈丁认为，假设一个大草原对村子里的所有牧民开放，每个牧民为了自己的利益最大化，都会最大限度地饲养家畜，在这个草原上放牧。这是个人主义的理性逻辑，其结果会造成无节制的放牧，直到大草原无法承受而不能为牧民所用为止。

“每个牧民都奔向毁灭草原的最终目标，大家都在一个信仰公众自由的社会中追求自己的最大利益。存在于公众中的自由将毁灭性的后果带给了所有公众。”[①] 这就是“公地的悲剧”，是个人利益损害公众利益、局部利益损害全局利益的必然后果。

比如大气排放与污染，每个国家都认识到了气候变暖的后果，但是都在追求自己的利益最大化，过度排放的结果可能是全球性的生态与环境灾

① 库珀. 行政伦理学：实现行政责任的途径 [M]. 张秀琴，译. 北京：中国人民大学出版社，2010: 119.

难，反过来会影响每一个国家。这是全球的“公地的悲剧”。

学校教育也是如此，如果为了局部利益，破坏了教育生态，结果反过来会损害全局利益。比如，中小学的生源竞争有时会演化为生源大战，但是一个地区的优秀生源是有限的，无序的竞争并不能提升全局的利益。比如，教育教学行为中的加班加点、牺牲师生的健康与时间等现象，其实是对教育资源的过度使用，它破坏了教育生态，最终将学校教育引向功利化的轨道，损害教育的全局利益和长远利益。

再比如，一些地方的行政领导或教育行政部门片面追求升学率，以升学率评价学校，考核干部，并且下达升学指标。记得前些年，某县因为高考成绩不理想，县委县政府召开全县高考大会，撤换高中学校领导以示问责。这种做法将学校教育逼向功利的一途，不仅矮化了教育，也违背了教育的基本规律，是典型的行政性功利行为。

良好的教育生态是大家的公地，需要我们共同维护与珍惜。

三、教育中的平庸之恶

许多“二战”时屠杀犹太人的德国人，也许是遵纪守法的德国公民，而不是生来就是十恶不赦的杀人恶魔。他执行的只是纳粹的指令，履行的只是上级的要求。他犯下的是体制犯的罪恶，他是体制的帮凶和合谋。这就是平庸之恶。

汉娜·阿伦特提出了“平庸之恶”的概念。在她看来，每个人都只是国家机器上的一个齿轮，在这个飞转的机器中不由自主地运转。其道德的自觉与伦理的自主，消解在庞大的国家体制机器之中。当一个人丧失思考的能力或在强权面前停止思考时，就很容易沦为服从权威的傀儡。从这个意义上讲，她认为“二战”中一些犯下重罪的德国人的行为不属于康德所谓的“绝对的恶”，而是一种“平庸之恶”。但正是这种平庸之恶，在不自觉和不自主的状态下，成了罪恶的帮凶。

教育中也不乏平庸之恶。我们每一所学校、每一位教师，都是教育的一部分，我们明知当下教育存在一些顽疾，却在教育机器的高速运转之下，不由自主地做着同样的事。我们有时以爱之名，进行着“善意的摧残”。我们一边批评毛坦厂中学和衡水中学模式，一边也在做着程度不同的事。

我们看到了教育的功利、短视和浮躁，也看到了教育中可能存在的一些反教育的行为，却往往将其归咎于教育体制，或者抱怨教育的大环境。其实，我们每个人都是教育环境的一分子，我们就是体制的一部分。如果我们都能在自己的小环境中改变一点点，汇聚起来，也可以慢慢改变大环境。

教育的问题总体上说是外部的问题，因为决定教育的往往是教育外部的因素。但是解决教育的问题首先要从教育内部做起。这似乎是个悖论，却也是当下教育的实情。我们不能只是依赖和指望外部力量，必须首先从自身做起，从教育内部做起。

教育是理想主义的事业，需要激情与梦想、责任与使命、理想与追求、尊严与操守。教育需要信仰，没有信仰就不成其为教育。教育需要理想，需要知其不可为而为之的执着，需要有“虽九死其犹未悔”的信念。教育需要教育人坚持不懈的点滴实践与努力，积跬步以至千里，聚细流而成大海。

电脑派位入学的伦理思考①

从根本上说，伦理并不解决公平问题，或者说伦理并不能从根本上解决公平问题。

电脑派位入学是在报名数大于学位数时义务教育学校和民办学校选用的一种录取方式，主要解决学位的分配问题，也是缓解“择校热”的对策之一。据称电脑派位入学最早起源于 1991 年，由原广州市招生办副主任陈流光设计，现在被全国多数地区采用。

根据《中华人民共和国义务教育法》，义务教育阶段的中小学不允许举行任何形式的选拔考试，学生一律免试就近入学。然而，由于同一区域内学校办学水平难免参差不齐，如何实行就近入学，似无周全之良策。

根据《中华人民共和国民办教育促进法》，民办中小学享有招生自主权，但在实践中，自主招生与免试入学之间存在矛盾和冲突。于是，在这种两难的背景下，电脑派位入学成为一种政策选择。

一、不同伦理视角下的电脑派位入学

电脑派位要解决的是学位分配问题，分配问题必然涉及公正性。分析

---

① 本文发表于《上海教育科研》2013 年第 1 期。

这种分配方式背后的伦理意义，有助于我们客观地评价这种入学方式的公正性。

什么样的分配方式是公正的，历来是伦理学讨论的重要话题。从亚里士多德到边沁，从康德到罗尔斯，无数学者都深入讨论过分配的公正性问题，但他们的观点各不相同。

让我们假想一下，如果这些学者在世，会如何看待电脑派位入学呢？

先看看边沁。边沁的理论核心是幸福（利益）最大化，而且长远利益大于眼前利益、整体利益大于个体利益。在边沁看来，如果入学的人数是恒定的，那么不管采用哪种入学方式，也不管最后是哪些学生进入某所学校，都没有增加或降低整体幸福和整体利益，只不过是几家欢乐几家愁。在功利主义者看来，不同学生的幸福是同价的，不存在哪些学生更应该选择就读某些学校。

伦理自由主义者看重的是市场选择。在他们看来，人人都有平等的机会去选择自己喜欢的学校，如果学生报名数大于学位数，最好是由市场机制来选择，比如，民办学校可以用学费作为调节手段。但是市场有明显的道德缺陷，因为有些东西是不能出卖的，比如自由、尊严、身体、教育等。一味由市场机制进行选择，不仅会引发钱权交易，引发教育腐败，还会腐蚀教育的公益性本质，丧失教育的尊严。

伦理相对主义者的选择更简单，他们认为适合的就是最好的。对不同的文化群体、不同的文化社区、不同的时期而言，伦理与道德也是不同的。没有哪一种入学方式对所有人来说都是合适的和正当的，只要它较好地解决了存在的问题，且被大多数人认可，它就是道德的。在他们看来，现实世界本身就不存在绝对的公正。

关怀伦理学的核心是从被关怀者出发，从他者（被关怀者）中寻找线索。因此，对于电脑派位入学，关怀伦理学者，比如诺丁斯，会问第一个问题：如果是我自己的孩子我会怎么做？显然，很少有人会赞同将自己孩子的入学机会交给电脑决定。

这是一个现实中的伦理悖论：我们不太赞成自己的孩子被电脑派位，但是我们却赞成别人的孩子被电脑派位。目前的职业教育也面临如此尴尬的境地：专家学者和官员们都呼吁要发展职业技术教育，认为职业教育和普通教育同样重要，社会和家长应该转变人才观念，但是却不愿意让自己的孩子去上中职和高职。

关怀伦理学者还会问第二个问题：学生们会怎么想？这恰恰是我们现实伦理之痛，即利益相关者声音的缺失。我们打着以学生为本的旗号，其实是借学生之名，代替他们做出选择和安排，却很少或几乎没有征求和考虑过学生的想法与感受。那么，学生们的想法究竟是什么呢？我们作为教育政策的制定者，对此不得而知，似乎也不想知道。

罗尔斯应该赞成电脑派位入学。罗尔斯的正义观的核心是“无知之幕”下的平等与补偿性差异安排。电脑派位其实就是电脑随机摇号，在一个无知之幕的背后随机分配学位。这消除了一切先天和后天的各种因素和偶然性因素，比如，学生的家庭、财富、天赋等的影响。在这个无知之幕之下，一切人都还原成平等的个体。这符合罗尔斯的伦理观。

但是，我们也不能忘记，电脑摇号本身造成了最大的任意性和偶然性，只不过这一偶然性不是由任何家庭、出身、财富、地位等带来的，不是社会偶然性的影响，但却是自然机会的影响。从道德的角度讲，两者似乎具有同样的任意性。所以罗尔斯也许只赞成一半。

康德是义务论者，他捍卫道德的最高原则，即纯粹实践理性。他强调公正就是遵循普遍的道德法则，即不依赖于任何目的、利益的普遍法则；同时强调对人的尊重，他认为人不是手段而是目的本身。

表面上看，抽签或摇号似乎可以成为一个普遍的道德法则，但是电脑派位入学并不是学生的自我选择和主动选择，学生是被动地由电脑选择，那么这种被选择显然是对人的主体性的轻慢与忽视。

人是有理性的，在康德看来，人的理性是至高无上的存在，是一种绝对价值，一种本质性的价值，而电脑派位入学并没有尊重家长和学生的理性。甚至可以进一步说，电脑派位入学是政策制定者缺乏理性的表征：因为似乎已经没有足够的实践智慧来解决这一难题，于是将困难交给电脑。所以，如果康德还活着，也许他老人家不会完全赞同电脑派位入学。

亚里士多德有自己的看法。他认为，公正意味着给予每个人应得的东西，同等之人应得同等之物。他的伦理学是基于人的品德，他认为应该根据个体的优点及相关的卓越表现有区别地对待。如果是基于其他任何因素，诸如身份、权力、财富以及机会（抽奖）等，而有差别地对待，则是不公正的。

亚里士多德的公正理论既是目的论的，也是荣誉性的。他还提醒我们，所有关于分配公正的理论都具有歧视性。问题在于，哪一种歧视是公正的。他认为，这一问题的答案，由所讨论的行为的目的决定。

具体到电脑派位入学，我们先要讨论学校教育的目的是什么，选择电脑派位的目的是什么，只有界定了学校的使命，才能判定哪种入学方式是合适的。因此，从这个意义上讲，亚里士多德也许赞同这样一种观点：公正就是一种适合，让适合的学生去上适合的学校，或者让学校选择适合的学生。而具有随机性的电脑派位并不符合“适合”这一伦理准则。

二、电脑派位入学的“正当性”与“善意”

从伦理学上讲，一个事情是否具有公正性取决于两个重要因素，一个是正当性（right），一个是善意（good）。“正当性”总是从动机的角度来考虑的，而“善意”总是从结果方面来考察的。

从动机来看，电脑派位入学追求的是均等的入学机会，指向的是平等接受教育的权利，其正当性不言而喻。平等是所有社会都追求的价值观，平等权是义务教育阶段的学生和家长的基本权利。不过，电脑派位入学指向的均等只是一种简单的、形式上的均等，并且这种均等恰恰掩盖了事实上的差异，甚至有损选择的权利。

平等是一种权利，选择也是一种权利，从某种意义上说，选择权和平等权一样，是学生和家长的重要权利之一。电脑派位入学看起来也是一种选择，但这种选择没有标准，是随机的；从选择方式上看，是被动选择，而非主动选择。这种没有标准的“被选择”，实质上剥夺了学生和家长的选择权。

选择不仅是学生和家长的一种权利，在管理学上，它也是一种有效的工具和机制，能够促使教育资源的正向流动和再分配，引导资源向有效益的地方流动，提高资源的使用价值，最终提升教育产品的供给质量。因此，学生和家长对教育的选择权也是一种促进学校不断改善管理、提升办学水平、最终促进教育公平的重要力量。

我们还要进一步分析，学生有没有选择学校的权利和自由？什么样的学生有选择学校的权利和自由？再进一步分析，学校有没有选择学生的权利？什么样的学校有选择学生的权利？

上大学显然不能电脑派位，因为这不是义务教育，学生是去求学，学校应该看他是否合适。

义务教育阶段的公办中小学校教育，是政府提供给学生的公益性教育，其目的是为学生提供相对公平的初始教育机会，应该划片就近入学。如果同一区域内的学校办学水平相近，那么电脑派位入学也是可以接受的选择。

民办中小学教育是社会提供给家长和学生的可供选择的教育产品。学生可以选择学校，学校也可以选择学生。所以，不同类型的学校不能一概而论。

从结果来看，电脑派位入学给学生带来的是什么？给学校带来的是什么？似乎目前尚未有实证研究。推测来看，可能会给学校带来两方面的变化：一是校际生源差异缩小，各个学校的生源质量相对均衡，这有利于义务教育均衡化，让学校在相对公平的起点上良性竞争；二是校内生源差异加大，在我国尚未具备小班化和分层教学条件的情况下，这可能会给教育教学带来较难解决的问题。

电脑派位入学可能会给学生带来两方面的影响：一是学生不受分数、家庭等因素影响，有均等入学的机会，彰显了教育公平的理念；二是电脑派位入学的教育隐喻也可能给学生带来微妙的负面影响。电脑派位入学的教育隐喻是什么？这种入学方式可能会传递什么样的价值观？这种教育价值观可能对学生造成什么样的潜在影响？这些问题值得我们细思。

我以前工作过的城市，郊区有一座小九华山，每年 6 月份的时候香火特别旺。我打听后才知道，因为“小升初”电脑派位的日子快要到了，不少家长前去求神祈福。

从教育哲学的角度来看，入学方式本身蕴含着教育的意味。选拔考试鼓励的是学业竞争，划片入学强调的是社区环境，贵族学校隐含的是经济优先，等等。电脑派位被老百姓简称为“摇号”，强调的是运气、机遇和偶然——这就是它的隐喻。它让孩子们从小将自己的前途与运气挂起钩来，将自己人生中第一次较大的选择权交给电脑。这种入学方式，使学生缺乏内在的荣誉感，缺乏主动选择的内动力，从教育的意蕴来看，有着微妙的负面影响，有违教育的价值追求。

总之，从动机来看，电脑派位入学是追求教育公平，其正当性毋庸置疑，但是在追求公平的同时，它也损害了学生和家长对教育的选择权。从结果来看，有可能存在一些值得注意的有违教育伦理的潜在的负面问题。

道德的困境从来都表现为两难选择的困惑：动机与结果、手段与目的、义务与功利等。从亚里士多德的德性论到罗尔斯的正义观，从边沁的功利主义到康德的义务论，所有哲学家关于道德伦理的观点无非是效果论和义务论两种，但是，还没有一位哲学家能将动机与结果、目的与手段很好地调和在一起。

这也是道德的困境所在。即使将来我们在理论上可以论证两难选择，在实践中也让人难以取舍。理论上的道德是容易的，实践中的道德是两难的。在教育和管理实践中，平等与差异、统一与个性、纪律与自由、惩罚与赏识、效率与公平等问题，常常令我们陷入道德的困境。

这种困境和两难似乎是注定的，因为人们永远面对善恶选择的永恒困惑，而这正是道德存在的意义。对于电脑派位入学而言，也是如此。也许，电脑派位入学是一种两难选择下的无奈之举。

三、电脑派位入学的教育伦理关怀

实施电脑派位入学，需要教育伦理的关怀。首先，要有教育情怀。从教育政策的角度来看，电脑派位入学是教育公平政策语境下的选择。但是，毋庸讳言，电脑派位是一种简单公平，也是机械公平、形式公平。这种简单公平是一种古老的公平方式。教育有自身的特点，我们在选择实现教育公平的路径的时候，一定要考虑教育性原则。电脑派位入学隐含的运气、随机、偶然等意味，显然有违教育的内在价值追求。

当未成年的孩子因为没能被自己心仪的学校录取而哀叹自己命运不佳的时候，当有人对那些通过“摇号”而非自身表现被录取到某所学校的学生表示不屑的时候，当家长在电脑派位之日去小九华山求神拜佛的时候……我们从事教育的人应该深刻反思，我们究竟应该给孩子们什么样的引导，我们的教育政策和教育行为究竟应该暗含何种教育意义，教育管理应该遵循什么样的道德和伦理。教育政策和教育行为本身是教育的一部分，表达着一种教育价值观，传递着一种教育哲学，对学生的成长有可能产生潜在影响，因而必须要有教育伦理的关怀。

实施电脑派位入学，还需要实践智慧。我们应该建立一种实践关怀的伦理，而不是纯粹的、真空的伦理。现实情况比理论要复杂得多。特别是教育伦理，不能简单地去取舍，而应在体验、了解、理解、同情之下进行分析。不是冷漠的正确，不是象牙塔里写出的文章，不是现实中的乌托邦。教育伦理最终应该有实践的温度、现实的关怀、泥土的味道。

不能为了公平而公平，也不能为了解决一种不公平，又产生新的不公平。选择何种入学方式，要实事求是，因地、因时、因校制宜，不能一刀切和简单化。要区别义务教育和非义务教育阶段、公办学校和民办学校。

一般来讲，民办学校应该按照《中华人民共和国民办教育促进法》的规定行使自主招生权，学生和学校可以双向选择，或适度引进市场机制（如学费）来调节。

非义务教育阶段的学校不适合电脑派位入学，应该用竞争机制来进行双向选择。现在有些地区实行高中学校联合招生，用电脑派位的方式将学生随机分配到高中学校，这种做法显然值得商榷。

义务教育阶段的公立学校，原则上应由政府按就近入学原则合理分配学位。如果同一区域内学校的办学水平差异不大，电脑派位入学可以是一种选择方式，但应该是最后一种选择方式。因为它虽然简便易行，但显然不是最佳的选择方式。

伦理并不解决公平问题，或者说伦理并不能从根本上解决公平问题。

目前产生择校问题的根本原因是优质教育资源不足，校际办学水平差异过大。电脑派位入学，表面上消退了家长的择校热，实际上却没有消除家长择校背后的动机，没有解决真正的问题。家长的动机是追求好的合适的教育，追求优质的教育产品。因此，教育部门应着力提高办学质量，从根本上缩小校际差距，解决教育公平问题，而不是简单地以电脑派位来掩盖学校之间事实存在的办学水平的差距。

通过发展来解决教育公平问题是求本，指望通过改变分配手段来实现教育公平是不切实际的。真正的教育公平不是掩盖差距，而是缩小差距；不是抹杀差异，而是尊重差异；不是剥夺选择，而是鼓励选择；不是被动选择，而是主动选择。

真正公平的教育应该满足两个原则：一是让所有学生在起点上接受大致平等的教育，二是让学生自主选择他认为适合自己的教育。

如果同一区域的学校水平相当，就不需要考虑入学方式的问题；如果同一区域的学校水平相当而又各具特色，反而应该允许学生自主选择适合的学校。这种入学方式将正当性与善意、动机与结果、手段与目的、权利与自由、平等与选择自然地结合在一起，是真正道德的、符合伦理的。

如果学校之间的办学水平差距过大，就不是入学方式的问题了。要从学校管理、师资队伍、教育教学等方面入手去解决问题，而不是简单地期望通过随机入学的方式，来消解校际办学水平的差距。

因此，也许只有当学校之间的差距不大、水平相当时，具有随机选择功能的电脑派位入学才是一种可供选择的入学方式；而当学校间的办学水平差距较大时，应该慎用电脑派位入学的方式，并充分考虑这种入学方式的限度，充分考虑采用这种入学方式的限定条件，充分考虑这种入学方式蕴含的伦理意义，真正体现教育的公平与公正。

可能性是教育者的信仰

教育的全部假设都是建立在儿童的可能性和可教性的基石之上，教育者如果没有这个最基本的信仰，教育就无从谈起了。

马克斯·范梅南在《教学机智——教育智慧的意蕴》一书中，开宗明义地重新定义儿童："何谓儿童？看待儿童其实就是看待可能性，一个正在成长过程中的人。"[①] 儿童就是"包含可能性的实体"[②]。

儿童是一粒包含着丰富可能性的种子。儿童的成长过程，就是实现可能性的过程，即受教育的过程。教育的使命就是发现、培育和实现儿童的可能性。

我们经常听到这样的说法：没有教不好的学生，只有不会教的老师。其实，这句话是说儿童具有无限的可能性和可塑性，即具有可教性。可能性是教育的基础。正是因为相信儿童的生命具有丰富的可能性，相信这种丰富的可能性需要通过教育来转变成现实，教育才具有必要性。

我非常认同沈祖芸老师的说法："可能性是教育者的信仰。"这是她在一篇文章中的一句话。我读后为之一振，这个观点与我不谋而合。教育的全部假设都是建立在儿童的可能性和可教性的基石之上，教育者如果没

---

①② 范梅南. 教学机智——教育智慧的意蕴 [M]. 李树英，译. 北京：教育科学出版社，2014: 1, 3.

有这个最基本的信仰，教育就无从谈起了。雅斯贝尔斯也认为：“接受教育的勇气是建立在对潜在能力的信任之上的。”[①]

一、儿童应拥有更长的可能性的孕育期

从生物学上来说，相较于其他动物，人类的婴幼儿显得更加脆弱和无能。大部分哺乳动物的幼崽生下来不久就可以站立，甚至能够主动觅食，并在较短的时间内学会成年动物的基本技能，迅速长大。但是也仅此而已，下一代具备的技能和上一代相比，几乎没有多少进步。

但是人类完全不是这样。人类的婴幼儿特别脆弱，刚出生时，如果没有母亲的悉心照料，几乎不能存活。《人类简史》这本书推测，人类的婴幼儿都是早产，因为人直立行走后骨盆变小，为了降低分娩危险，人类在进化中自然选择早产。但也正是人类漫长的儿童期，孕育和涵养着儿童无限的可能性。小鸟很快就会飞，小鸭几乎生下来就会游泳，但它们生命的可能性迅速实现并且见顶，而儿童的可能性却不可限量。

有一种观点认为，儿童期越长，蕴含的未来可能性就越丰富。持这种观点的人反对过早地对儿童进行成人化的教育，甚至有人提出延长人类儿童期的主张。杜威在《民主主义与教育》一书中，谈到教育即生长时说：“社会生活日益复杂，需要一个较长的婴幼期，以便获得所需要的力量；这种依赖的延长就是可塑性的延长，或者就是要获得可变的和新奇的控制模式的力量。因此，这种延长能进一步地促进社会进步。”[②]

---

① 雅斯贝尔斯. 什么是教育 [M]. 邹进，译. 北京：生活·读书·新知三联书店，1991: 64.

② 杜威. 民主主义与教育 [M]. 王承绪，译. 北京：人民教育出版社，2001: 54.

如果将儿童期看作孕育和涵养可能性的过程，那么我们有理由支持这样的主张；如果将人的成长过程看作从可能性转变为现实的过程，那么我们可以认为，人的成长过程也是可能性不断减少的过程。从这个意义上讲，我们支持儿童拥有更长的可能性的孕育期。

但是，在这个追求速度和效率的时代，人们似乎已等不及一朵花的自然开放，更等不及一个人的缓慢成长。儿童期被人为地压缩，儿童该有的欢乐与幸福也被人为地剥夺。儿童过早地背上竞争的包袱，在“不能输在起跑线上”的群体性焦虑中，过早地结束了真正的童年。

这是成长的悖论。越是期望过早地起跑和加速，越是难以在后半程领先。儿童的可能性过早地丧失在教育的功利、短视和浮躁之中，欲速则不达。

二、将童年还给儿童

儿童是正处在成长过程中的人，而不是小大人。杜威在《民主主义与教育》中指出：儿童是未成年人，处于未成熟的状态，“未成熟状态就是指一种积极的势力或能力——向前生长的力量”[①]。未成熟之“未”有着积极的意义，即拥有生长的可能性，并不是指缺乏什么。儿童期有其自身独立的价值，这种独立的价值就在于它具有可能性。

但是，发达的现代媒体和信息技术，使成人的信息过早地充斥在儿童的生活空间中。过去对儿童而言，成人生活的方方面面都是秘密，现在却成为儿童的日常话题。儿童与成人的边界日渐模糊。“童年时代，作为人

---

① 杜威. 民主主义与教育 [M]. 王承绪，译. 北京：人民教育出版社，2001: 50.

生发展的阶段，也在逐渐消失。”[①] 尼尔·波兹曼专门写过一本书《童年的消逝》，感叹童年期的缩短甚至是消失。

马克斯·范梅南警告说：“无处不在的大众媒介让留给孩子们自己去探索的秘密寥寥无几。然而，这种早熟是要付出代价的。那就是，孩子们和他们的看护者们一样脆弱。”[②] 当下的社会文化环境中，充斥着成人化、早熟的文化产品，在文学、艺术、游戏等领域，适合儿童和少年的优秀的文化作品极度缺乏。在教育中，成人化的空洞的教育与规训，也使儿童过早地社会性成熟。

现代社会的速度、压力，以及家长的期望和功利的言行，也在改变着儿童。成人希望孩子快速成长，这无异于拔苗助长，对具有无限可能性的儿童来说，是一种善意的摧残。儿童的好奇心、天真与浪漫、创造性与可能性，在过早的成人化过程中被抑制或湮灭。

将童年还给儿童，既是社会的话题，也是教育的命题。

三、教育的最终责任是将人潜在的可能性变成现实

教育的责任就是发现、保护、培育和实现儿童的可能性。“教育活动关注的是，人的潜力如何最大限度地被调动起来并加以实现，以及人的内部灵性与可能性如何充分生成。”[③] 拔苗助长和盲目贴标签都是对儿童可能性的摧残。教育是生长，是教化，是存养；教育是农业，是慢的事业，是静

① 波兹曼. 童年的消逝 [M]. 吴燕莛，译. 桂林：广西师范大学出版社，2011: 2.

② 范梅南. 教学机智——教育智慧的意蕴 [M]. 李树英，译. 北京：教育科学出版社，2014: 204.

③ 雅斯贝尔斯. 什么是教育 [M]. 邹进，译. 北京：生活·读书·新知三联书店，1991: 4.

等花开。静下心来，倾听花开的声音。十年树木，百年树人，在这个浮躁而功利的时代，人们甚至已不愿等待一棵树长大，更不愿等待一个人成长。

尊重儿童的可能性就是按照儿童自己的样子来培育，让他长成他自己的样子。世界上没有两片相同的树叶，每一个儿童也都是不一样的。我们不能按照某种既定的模式来将不一样的儿童培养成同样的人。可能性的价值，正在于多样性。

教育是培育，教育是生长。种子蕴含的是可能性，教育就是让种子的可能性得以实现。我们需要培育它，让它自然地生长。

生长期长的农作物营养和口味都更加上乘，早熟的庄稼则相形见绌。教育也是一样，应该尽可能地涵养儿童的可能性，而不是过早、过快地兑现可能性。而且，这种可能性应该是内生的，是由内而外地生长，而不是靠外部的塑造。

教育的责任是实现可能性，而不是消灭可能性。“教育只能根据人的天分和可能性来促使人的发展，教育不能改变人生而具有的本质。但是，没有一个人能认识到自己天分中沉睡的可能性，因此需要教育来唤醒人所未能意识到的一切。”①

无论是儿童还是成人，都具有无限的可能性。这些可能性正是生命的潜能。教育的最终责任是将人潜在的可能性转变成现实性，让他成为他自己，成为最好的自己。这是教育的全部使命，“正是在这种自我发展的可能性问题里教育学找到了它的真正含义”②。教育的本质、生命的本质，大抵如此。

① 雅斯贝尔斯. 什么是教育 [M]. 邹进，译. 北京：生活·读书·新知三联书店，1991: 65.

② 范梅南. 教学机智——教育智慧的意蕴 [M]. 李树英，译. 北京：教育科学出版社，2014: 34.

聪明不是一种智力的美德

智力水平不高的人，可以通过智力的美德来弥补；而智力美德的缺陷，却难以通过智力去弥补。

一、我们应重视智力的美德

我们一般所说的美德，主要是指一个人品行上的美德，比如，善良、正直、无私、宽容、感恩、诚信、友爱等。这些美德主要是人们在处理人与自我、人与人、人与社会之间关系时体现出来的优秀品质。

其实，还有一种美德是人在智力活动中表现出来的优秀品质，比如，好奇心、专心、耐心、虚心、勤勉、精确性等，罗素称之为“智力的美德”。当然，早在罗素之前，亚里士多德就提出了理智德性的概念。

我们在家庭教育和学校教育中，对这些智力的美德不够重视。一方面，我们觉得品行上的美德才是重要的；另一方面，我们比较重视智力本身[①]。

智力是指一个人的记忆力、观察力、想象力和思维能力等。我们说一个人聪明，或者说一个人记忆力好、思维反应快、观察力强，就是指他的智力。相对来说智力是先天的。智力更具有遗传性或者说具有先天性，相

① 罗素. 罗素论教育 [M]. 杨汉麟，译. 北京：人民教育出版社，2009：163.

对来说更稳定，更加难以改变。

智力的美德却不然。智力的美德主要是后天的，可以通过教育和培养加以改变。我们也把它叫作非智力因素。一般来说，智力水平不高的人，可以通过智力的美德来弥补；而智力美德的缺陷，却难以通过智力去弥补。

智力的美德恰恰是家庭教育需要重点培养的，但在现实中却往往被我们忽略。我们往往重视孩子的智力，奢望他更聪明，而忽视了对他的智力美德的培养；或者我们往往从孩子小时候就关注对知识的学习，希望孩子从小就能背诗、算数，而忽略了对学习习惯和学习品质的培养。

二、好奇心是智力的美德中最基本的品质

好奇心是智力的美德中最基本的品质，无功利的好奇心是儿童认知活动的动力源泉。儿童对这个世界充满好奇，但是我们可能没有很好地保护或者引导儿童的这些好奇心，有时候甚至在无意间扼杀了儿童的好奇心。

如果儿童的好奇心指向一个比较正确的目标，那么好奇心这个品质会引发其他很多优秀的品质，比如耐心、专心、恒心。好奇心和儿童的兴趣相关，好奇是儿童学习的开始，他会在好奇心的指引下进行深度探究。好奇心也与创造性相关，每个儿童天然具有创造性，恰恰可能是教育本身扼杀了创造性。

我的儿子 10 岁的时候，邻居送给他一套三卷本《自然科学大百科全书》。这成了他睡前必读书，后来书的边缘都被摩挲得起毛了。上初中后，他很快喜欢上了科学。

初二时，他将房间布置成物理实验室；初三时，他将房间布置成理化实验室，并在门上挂牌：“胆小怕死者莫入！”实验室每周二、周四开放，

让我们进去打扫卫生。

他房间里的瓶瓶罐罐装着各种化学药品。他经常在家做一些化学实验，并拍成视频发到网上，和化学迷们交流，据说有些还是大学生。

有一天中午吃饭，他问我："老爸，在医院认识人吧？能不能搞点儿砒霜啊？"我问他要做什么，他说做实验用。我说学校有实验室，里面什么药品都有，可以去学校做实验。他说学校的实验太没意思了。

有一天下午他放学回来，手里提着一个盐水瓶，标签被撕去了。这引起了我的警觉，我问他这是什么，他说是硫酸。我让他立即拿出去处理掉。

我们渐渐觉得这孩子有点儿过了，担心他在家做一些危险的实验。于是，某一天，他妈妈将他房间里的器材和药品收拾干净，捐给了学校实验室。他回来发现后很生气，对他妈妈说，一个诺贝尔就这样被扼杀了。

在一次"校长有约"活动中，一位五年级的学生请我帮忙，她特别希望我能够同意她到化学实验室去做实验，她想研究一些物质的分子结构。我不想再犯以前的错误，就介绍她去找我们学校的一位给孩子们教授民生化学课程的大学教授。她很高兴地去了。我们应该保护和珍视孩子们的好奇心。

1993 年，数学家安德鲁·怀尔斯首次宣布证明费马大定理。1994 年，他提出了修订后的证明，终于解决了这个历时 300 多年的世界性数学难题。他从小就专注于这个难题，他说："我一直在思考这个问题——从早上醒来到晚上睡觉。思考一件事要花那么长时间。这段特殊的冒险之旅现在结束了，我的心归于平静。"正是好奇心引导他长时间持续地探究。因此，保护、引导和培养儿童的好奇心，比学习知识本身更重要。

三、精确性是非常重要的智力美德

我们见过很多这样的学生：一听就懂，一做就错。他说，这题目他都会，但是他粗心了。其实，他是缺乏精确性。精确性是一种品质。有的学生往往会以粗心作为借口，其实他不是粗心，而是缺乏精确性。要么是对概念理解得不透彻，要么是逻辑思维过程不严谨，所以他出现了一听就懂、一做就错的情况。

粗心也是一种习惯，习惯于大而化之。但是在智力活动中，特别是在数学和自然科学的学习过程中，精确性是特别重要的品质，点错一个小数点，或者看错一个数字，都会得出完全不同的错误结论。

所以，精确性应该成为学生学习中追求的习惯、一种优秀的智力美德。在孩子 10 岁之前，我们就需要培养他的精确性，这也是培养他的科学精神。科学精神里面最核心的品质是真实和准确。

罗素在谈论智力的美德时，引用了巴斯德博士的一段话：精确性“是知识的美德，它指明了在追求自己的正当理想时所须努力的方向。因为我们在思想、语言和行动上的精确性，就是衡量我们效忠真理的大体尺度”。[①] 如果知识不准确、不精确，那么它是毫无价值的，特别是对自然科学来说。

在我儿子上小学一年级的时候，我们就告诉他，在他的词典中，没有粗心这个概念，避免他寻找借口。我们明确地告诉他，只有对和错，没有粗心一说，粗心就是不会。

当然，在学习过程中还有很多价值取向。我告诉儿子，在做作业和考试时有三个要素最重要，第一是准确，第二是速度，第三才是整洁、美

---

① 罗素. 罗素论教育 [M]. 杨汉麟，译. 北京：人民教育出版社，2009：166.

观。我希望他从小能够讲究学习的速度，在保证准确度的前提下追求速度，无论是写作业还是考试都尽可能快一些。这样能赢得更多的时间，平时做完作业可以有更多的时间去读书或者玩耍，考试时可以有更多的时间去检查试卷。这样他从小就养成了一种习惯，当然，他的书写也就不太讲究，以至于为求快而显得潦草了。

有的学生是完美主义者，做作业必须保持美观，甚至不允许自己涂改，错了就换一张纸重写；有的学生准确度很高，做完的题可能都是对的，书写也非常好看，但是速度上不去，没有时间去做更多的题目，在考试中常常有这种情况发生。所以，在保证准确度的前提下追求速度，是儿童需要从小就培养的习惯。当然，有些父母看到孩子作业做完了，就会额外给他加一些学习任务，这种做法是不正确的。这样一来，孩子就不会追求做作业的速度了，反正做得再快也没有用，还是有做不完的题，还不如磨洋工，所以有些孩子拖拉的习惯其实是父母造成的。

四、聪明不是一种智力的美德

对大多数普通人来说，一个人能否成功，并不取决于他是否聪明，也就是说并不完全取决于其智力水平。一个缺乏智力美德的人，往往难以有所建树；反过来，一个智力平平的人，如果具有优秀的智力美德，长此以往，可能取得超越常人的业绩。

清代的彭端淑说：“聪与敏，可恃而不可恃也；自恃其聪与敏而不学者，自败者也。”

所以，我们的教育，特别是家庭教育，应该从小培养儿童智力的美德，而不是纠结于孩子是否聪明。因为，聪明并不是一种智力的美德。

游戏的童年

只有当人是完整意义上的人时，他才游戏；而只有当人在游戏时，他才是完整的人。

——席勒

20 世纪 80 年代的校园歌曲《童年》的歌词很美：“池塘边的榕树上，知了在声声叫着夏天 / 操场边的秋千上，只有蝴蝶停在上面 / 黑板上老师的粉笔，还在拼命叽叽喳喳写个不停 / 等待着下课，等待着放学，等待游戏的童年。”

每个人都有一个游戏的童年。童年与游戏相伴，游戏给童年生活带来了愉悦、成长和美好的回忆。传统的童年游戏有运动型的，也有益智型的；有竞技型的，也有休闲型的；有集体型的，也有自娱自乐型的。掰手腕、斗鸡、丢手绢、抓小鸡、丢沙包、弹玻璃球、打卡片、跳房子、抽冰棒棍、跳橡皮筋、翻绳、抽陀螺、打弹弓、叠纸飞机、做纸风车、过家家、捉迷藏等，给童年生活带来了无尽的欢乐。80 年代之后，电子游戏盛行；90 年代之后，网络游戏流行，游戏开始从真实走向虚拟，从群体走向个体，从身体游戏走向纯脑力游戏。游戏的形式变了，但是人类的游戏精神不曾消失。

一、游戏是儿童的存在方式和生活方式

游戏是儿童的天性。游戏是儿童与自身、与他人、与世界的对话方式。即便一个孩子独自玩泥巴，也是在内心与另一个自我对话。杜威认为，儿童正是通过游戏，实现认识能力的提升，在头脑中形成符号的概念，通过符号去认识事物；儿童也是通过游戏，比如角色扮演等，实现自我意识的建构和对他者的建构，并在游戏中学习规则、竞争与合作，初步完成社会化的模拟。

游戏是儿童的存在方式和生活方式，儿童的生活充满游戏精神。儿童的梦想与好奇心、科学式的探究、哲学式的发问、率性的顽皮，无不蕴含着游戏精神。游戏精神和童年精神相契合，儿童从来都是游戏着的儿童，游戏着的状态也就是儿童的状态。游戏精神应该成为童年文化的内核。

让游戏回归童年生活，是儿童健康成长的必需。罗素认为“游戏与装扮在儿童时期乃是生命攸关的需要，若要孩子幸福、健康，就必须为他们提供玩要和装扮的机会”。①

福禄培尔认为，婴幼儿期生活的要素就是游戏和说话，儿童“视每一个事物是有生命、感情和言语能力的，并相信每一个事物都在听他说话”。②儿童做游戏的过程其实就是与世界对话的过程。福禄培尔对游戏的价值评价很高，认为“游戏是人在这一阶段中最纯洁的精神产物，同时是人的整个生活、人和一切事物内部隐藏着的自然生活的样品和复制品。所以游戏给人以欢乐、自由、满足，内部和外部的平静，同周围世界的和平相处。一切善的根源在于它、来自它、产生于它”。③

① 罗素. 罗素论教育 [M]. 杨汉麟，译. 北京：人民教育出版社，2009: 81.

②③ 福禄培尔. 人的教育 [M]. 孙祖复，译. 北京：人民教育出版社，2001: 38, 38-39.

所以，游戏并非无关紧要，“它有高度的严肃性和深刻的意义”。游戏是儿童内心生活的外化，是他的主要生活方式，也是“整个未来生活的胚芽”。[①]婴幼儿时期的主要精神生活应该是游戏，因此游戏的设计与创造非常重要。但是目前婴幼儿的游戏设计并未得到应有的关注。

到了少年期，儿童做游戏的目的应该更为明确，可以多参加一些户外的、合作的游戏。体育活动也是游戏，我们可以多开设集体项目的体育活动。“在这些游戏中，儿童感觉到有一种肯定的和可靠的力量，并感觉到这种力量的增长。但是在这些游戏中得到充足滋养的绝不仅仅是身体的，或者说肉体的力量，还有不断增长的精神和道德的力量。”[②]

游戏是一种健康而愉快的体验。“溪流和湖水之于儿童的心灵，纯洁的空气和清晰可见的远方的山顶之于儿童的心灵，就好像游戏之于他一样——这是等待着他将来去进行的生活斗争的一面镜子。”[③]

自柏拉图以来，西方哲学家对游戏的价值和意义给予了很高的评价。席勒甚至提出这样的观点：人生最高、最完美的境界是游戏，“只有当人是完整意义上的人时，他才游戏；而只有当人在游戏时，他才是完整的人。”[④]

二、游戏是儿童的权利

在我国的传统思想文化中，并无重视游戏价值的传统。对个体而言，大家普遍认同“业精于勤，荒于嬉”“勤有功，戏无益”；对社会而言，人

①②③ 福禄培尔. 人的教育 [M]. 孙祖复，译. 北京：人民教育出版社，2001: 39, 80, 84.

④ 席勒. 席勒散文选 [M]. 张玉能，译. 天津：百花文艺出版社，1997: 214.

们认为游戏会冲击稳定的社会秩序和等级，有害无益。因此，在我国的教育传统中，游戏的教育价值和意义不是被忽视，就是被误解。

其实，游戏是儿童的权利。联合国《儿童权利公约》规定，儿童享有从事与其年龄相符的游戏和娱乐活动的权利与自由。但是成人世界对游戏的态度似乎并不一致，有些人认为游戏纯属浪费时间，而无意识地忽略儿童的游戏权利与需求；有些人则认为游戏存在负面的消极作用，而有意识地加以抑制。这是成人对儿童游戏权利的剥夺。前者是一种隐性剥夺，后者是一种显性剥夺。游戏关涉儿童的生活与成长，对儿童游戏权利的剥夺，实际上是对儿童童年生活的剥夺。

在当下的教育实践中，幼儿教育的早期化，逐步演变成幼儿教育的知识化倾向，并且愈演愈烈。游戏活动已被小学教育的课程摒弃，被中学视为洪水猛兽。电子游戏和网络游戏相继出现以后，游戏开始背负着罪恶之名，被视作一切恶的源头。其实，据相关研究调查，学生使用手机和电脑，排在前三位的用途是听音乐、人际沟通、查阅学习资料，玩游戏只排在 10 位以后。

人们之所以对网络游戏有偏见，主要是由于与传统游戏相比，网络游戏更加耗费时间，更加容易让人成瘾；网络游戏的虚拟性特点，让玩者疏于与真实情境中的人进行互动与交流；虚拟数字空间让人更容易与社会脱节，使人在线上越投入，线下越孤独。有些青少年学生沉迷其中，不能自拔。

解决青少年沉迷网络游戏的办法，不是简单地禁止与限制。除了加强网络素养教育之外，重要的是帮助青少年建立真实生活中的人际互动关系，建设健康、丰富的精神生活。禁止只是掩盖问题，而不是解决问题。对待手机、早恋等教育问题也是这样，简单的禁令并不是教育。教育应该从正面建设入手，丰富学生的精神生活，引导学生的行为取向。

三、我们应借鉴游戏精神来进行教育

杜威曾经不无遗憾地指出，对教育而言，“游戏是如此出自自然的和不可避免的，以致很少有教育著作家从理论上赋予它在实际中所占的地位，或者试图弄明白，儿童自发的游戏活动能否提出一些可供学校采纳的启示”。①

从课程来看，要避免幼儿教育小学化、儿童教育成人化的倾向。幼儿教育应该将游戏直接引入课程，让幼儿在游戏中体验，在体验中游戏。小学教育则可以尝试以游戏思维来设计课程与教学。杜威的以儿童为中心的教育观，以生活经验为中心的课程观，以体验和探究为中心的“做中学”的教学观，其实就是将游戏精神和思想引入课程与教学之中。合作、体验、探究、活动、实践式的教学方式，蕴含着游戏思想。

从教学来看，儿童游戏时的状态是最佳的学习状态：专注、投入、放松，最终达到忘我的境界。如何在日常教学中让学生达到此种状态？游戏中有许多地方值得我们探索和借鉴。电子游戏和网络游戏之所以让学生沉迷，其中也有值得挖掘的要素。比如，对目标的认同、可实现的挑战、持续的即时而频繁的反馈，以及对每一个进展的肯定与确认等。电子游戏模拟了大脑学习时的思维过程，提供即时的肯定与挑战，能让大脑分泌多巴胺，促使玩者主动寻求更高级别的挑战性任务，从而产生内动力。我们完全可以将这种游戏设计思维，借鉴到学习设计当中。比如，清晰的学习目标和学习任务，即时的形成性评估，正向激励，处在最近发展区的挑战性任务等，这些都可以使学生学习时自带动力。

① 杜威. 学校与社会·明日之学校 [M]. 赵祥麟，任钟印，吴志宏，译. 北京：人民教育出版社，2005: 266.

我们也可以借鉴游戏精神来进行教育。有的游戏是角色扮演，有的游戏又是角色的瓦解；有的游戏是一种建设，有的游戏则是一种破坏。罗素认为“建设和破坏都能满足获得权力的意志，但作为一种常规，建设显得更为困难，因此能令在这方面取得成就者有更多的满足”。[①] 所以，教育应该着眼于引导儿童内心具有建设性的一面。由于破坏比较容易，因此孩子的游戏通常由破坏开始，以后才逐渐转为建设。

在教育实践中，儿童呈现的问题也是如此。有些有行为问题的儿童，往往是出于某些原因，其行为尚处在破坏性的阶段，其建设性的一面一直被压抑，没有被顺利地引导出来。所以，改变问题儿童，不仅要改变他不良的行为习惯，更重要的是挖掘和发扬其有优势的方面，让他感受到建设的快乐，进而逐渐重新建构自己的行为。“由于经历了建设的快乐，而催生了诸多美德的嫩芽。”[②]

我们还可以用游戏精神来设计学校的各种活动。游戏精神的核心是平等、参与、合作与忘我。伽达默尔认为，游戏是去主体化的活动，在活动中，每个人都倾力参与，忘却身份和自我；在活动中，权威解构，仪式消解，主体消失；在活动中，每个人都是中心，与他人发生互动和真实的连接。因而，我们在设计教育活动时可以借鉴游戏的特点，注重多中心、多向度的连接，让每个人都有参与感，在参与中体验，在体验中生成教育的意义。

---

①② 罗素. 罗素论教育 [M]. 杨汉麟，译. 北京：人民教育出版社，2009: 91, 92.

重视技术课程的教育价值

劳动是人的存在方式。

青岛中学开发了十几门技术课程，包括程序设计与算法实现、App 设计与开发、网络基础与网页制作、机器人、3D 模型设计与打印、海洋科学技术、平面设计、布艺缝纫制作、服饰设计与制作、机械设计与科技模型制作、电子技术、动漫、木工、烘焙等课程，供三至十二年级学生选修。这些技术课程有些是基于计算机语言的，有些是基于审美艺术设计的，有些是基于自动控制的，有些是基于工具使用的。

我们希望学生在学习过程中，每年都有机会体验不同的技术课程。学生从这些体验中，可以发现自己的兴趣、爱好和天赋，也可能与自己未来的职业提前相遇。

苏霍姆林斯基曾说过，技术课程的价值“就在于使每一个学生在一段较长的时期内尝试自己的禀赋和能力，在具体的事情中表现自己的爱好，找到自己心爱的工作”。[①] 技术课程因此承载着帮助学生发现自己、成为自己的教育功能。

我们之所以如此重视技术课程的开发和实施，是因为对技术学科的课

---

① 苏霍姆林斯基. 给教师的建议 [M]. 杜殿坤，编译. 北京：教育科学出版社，1984: 250.

程价值的认知。在我们看来，技术课程的学科价值不仅仅在于让学生体验和学习某一种技术和技能，发现自己的爱好和兴趣，更重要的是培养学生的技术意识、物化能力、创新能力和实践能力。此外，技术课程还具有审美教育和劳动教育的价值与功能。

一、物化能力的实践性价值

技术教育与科学教育不同，它的目标不是停留在知识原理层面，而是指向实践能力层面。“技术教育是一种利用知识进行物质产品生产的技能方面的训练。”[①] 这是大脑和手眼相协调的训练，是行动与思维相协调的训练。现代人的慵懒是由于较少从事手工劳动（现代人以运动来减轻这种慵懒，但运动不能代替手工劳动），大脑缺乏由手的活动带来的刺激，这也许是一种缺失。人正是通过手的劳动，创造了人自身，所以现在的教育一定要有学生动手的实践课程。小学阶段的实践课程可以带有游戏性质，比如手工布艺、乐高、陶艺等；中学阶段的实践课程则应带有一定的技术含量，比如服装设计、机器人、机械制作、平面设计等。

技术教育是将一般原理具体化的过程。它既是知识的整合、应用的过程，也是知识的活化、现实化的过程。通过“做中学”，学做结合，手脑并用，知行统一，学生可以获得对知识更深层的理解，进而形成可迁移的能力。蒙台梭利认为，渴望用手劳动是儿童的本能。皮亚杰也认为，儿童应该通过动作进行学习。儿童是先有实践智力，而后有反省智力，所以他主张，儿童的学习离不开动作。仅有看和听而没有活动的学习，是一种口头上的学习。“正规教育失败的真正原因，主要是人们从语言开始（伴随

① 怀特海. 教育的目的 [M]. 庄莲平，王立中，译注. 上海：文汇出版社，2012: 64.

着绘图、想象或描述的动作等），而不从真正的实际动作开始。”①

青岛中学每年一度的技术节，展示学生的技术作品，从个性化的公益广告设计，到时尚的服装设计；从传统的机械制作，到基于信息技术的手机 App 产品……这是学生知识的凝结与外化，是其实践能力的展示与体现。

在现代教育理念中，技术素养中的设计思维愈显重要。所谓设计思维，就是通过设计，将抽象与具象、设计与产品、理论与实践、知识与运用、学习与决策等结合起来，去解决复杂的问题。这是一种方法论系统。

最先将设计思维引入教育领域的是斯坦福大学，此后，美国旧金山大湾区的一些中小学也将其引入课程。2019 年 5 月，我们参访了旧金山的努埃瓦学校（The Nueva School），这所学校的课程特色就是基于设计思维的创新实验课程。创新实验课程以设计思维整合科学、艺术、工程甚至人文、社会学科的内容，实现了多学科、跨学科的整合，以培养学生解决问题的系统思维、创新能力和实践能力。国际文凭课程（IB 课程）也特别重视在设计类课程中培养学生的跨学科整合能力。

青岛中学开设了若干门基于设计的技术课程，比如平面设计、服装设计、首饰设计、机械设计、App 设计、程序设计等课程。我们希望学生在从理念到概念、从概念到产品、从抽象到具体的思维过程中，培养创新能力和实践能力。

实践性和应用性是技术教育最显著的特点。学生使用创造性思维，将自己的理念转化为操作方案，进而形成有形的产品。在这个过程中，学生的创新思维、解决问题的能力、物化能力、工程思维得到培养。

---

① 皮亚杰. 皮亚杰教育论著选 [M]. 卢濬，选译. 北京：人民教育出版社，2015: 92.

二、自我存在的内在确证

技术教育课程是动手实践性课程，本身也是劳动教育，或者说是具有时代特征的劳动教育。因此，技术教育也就具有了劳动教育的价值和功能。

劳动创造了人。劳动不仅是人类生存的需要，具有工具性的外在价值；而且满足了人自我确证的需要，具有存在性的内在价值。人在劳动中创造物质产品的同时，也创造着自身；人通过物化的劳动产品，获得存在的价值感和意义，完成自我存在的确证。

过去，劳动是生存的必需。在现代社会，随着社会生产力的发展，劳动的形态也发生了很大变化，很多人已经脱离了直接的为生存而进行的劳动。这时候，劳动的工具性价值降低，劳动的存在性价值（即人通过劳动来实现自我存在的价值感和意义感）突显出来。

卡西尔认为，人与众不同的标志，既不是他的形而上学，也不是他的物理本性，而是劳作。

我们所处的信息时代的劳动形态发生了很大的变化，基于新技术的劳动同样具有传统劳动的内在价值，即通过劳动完成对自我存在的确证。“人的价值感和意义感的获得是一种对象性的活动。人自我存在的本质力量需要在对象化的活动中自我创造，自我生成后才能确证自我存在的理由……因此，新时代的劳动教育必须高度重视学生本质力量对象化之后价值感和意义感的获得。”[①]

一个孩子在沙滩上玩，看见别的孩子用沙子堆建城堡，他可能有破坏的冲动；但如果他自己也用沙子堆建城堡，他就实现了自我力量的对象

① 班建武.“新”劳动教育的内涵特征与实践路径 [J]. 教育研究，2019 (1): 24.

化，他就会有保护这些城堡的想法。这既是儿童内心的自我建设，也是其自我存在的意义感的获得。这是劳动的内在价值。青岛中学的学生在校园里的每个窨井盖上画上心仪的图画，这不仅是他们的自我表达，也是他们的劳动成果，因而他们倍加爱护。

现代都市人缺乏劳动，却以运动代替。运动没有对象感，运动的愉悦来自大脑分泌的多巴胺和内啡肽。但是劳动与运动不同，劳动是一种“健康的疲乏”，是一种获得感，是劳动收获的满足，是自身对象化的确证，是互动的欣喜，是看到植物发芽、开花、结果后的无比喜悦，是看到动物成长的感动，是一种身心的满足和快乐。在劳动中既有人与人之间相互协作的合作关系，也有人与自然万事万物的和谐共生关系。这是运动所没有的价值。

青岛中学 2020 年的“十事实办”之一，是“建立属于学生们的养殖园、种植园和池塘，让学生种喜爱的花草，养可爱的动物”。学校这么做的目的是培养学生的劳动价值观和劳动品质。

劳动不仅创造了人，还可以修复人的心理偏离。人在环境中用手的劳动实现自我存在，人自身通过双手在劳动中得到塑造。儿童在劳动中成长，劳动增强了他们的力量。现在儿童的劳动本能退化了。我有时认为，青少年的某些心理问题也许可以通过劳动或者技术课程得到纠正和疗愈。有些心理问题恰恰是由于用脑过度、用手不足，导致身体与心理不协调、自我价值感缺失、自我身份迷茫。人在劳动中可以身心归一，并且通过动手劳动，实现自身力量的对象化、自我存在的价值确认并得到内在的获得感。大自然中的劳动，或者完全投入、忘却自我的技术课程，也许可以成为促进儿童心理健康的有效手段。

三、当技术与艺术相遇

技术发展到一定的高度后，会和艺术相遇。有些技术，本身就是艺术。比如，服装设计、木工、烹饪、动漫、平面设计等课程，都是技术与艺术的结合。这样的技术课程，具有审美教育的功能。这些课程是艺术的技术表达，或者说是技术的艺术表达。

青岛中学有一门课程叫“摄影表达”。这既是一门摄影技术课程，也是一门创意表达的艺术课程。学生在课上，利用一些现成的材料、服装、配饰模仿世界名画中的人物，然后再进行创意摄影。《戴珍珠耳环的少女》《蒙娜丽莎》《百合圣母》《最后的晚餐》等都被学生们模仿得惟妙惟肖。

这门课不仅是摄影课程，还是绘画理解与表达课程，是一门技术与艺术相结合的课程。教师将技术与艺术连接在一起，将审美素养融入其中，提升了这门课程的审美内涵和价值。青岛中学开发了几十门基于艺术的技术课程，以及基于技术的艺术课程。

所以，我们必须以一种自由精神来看待技术教育，除了技术训练本身，审美鉴赏与人文素养也是技术教育的应有之义。“技术教育并不仅仅和科学知识相关，它也可能是属于对艺术家或某些艺术课程的工匠学徒的教育。”[①] 所谓工匠精神，乃是技术与艺术的结合。没有艺术的技术，很难达到至高的境界。中国的漆器、陶瓷等工艺，就是技术与艺术的结晶，是实用与创造的结合。我国传统文化讲究“匠心”，本质上也是指技术达到艺术创造的境界和高度，从而具有人文性和艺术性。现代课程中的STEAM中的“T”（Technology，技术）和“A”（Art，艺术），就是技术与艺术的整合。

---

① 怀特海. 教育的目的 [M]. 庄莲平，王立中，译注. 上海：文汇出版社，2012: 65.

四、什么知识是最有价值的

课程哲学的一个关键问题是：什么知识是最有价值的？英国哲学家斯宾塞认为："这是一切教育问题中的重要问题。"[①]这也是千百年来人们不断追问和不断回答的问题，不同的回答构成了不同的课程价值观。

古典时代，西方和东方都非常重视人文知识。西方教育以博雅教育为主要内容，以培养有文化的绅士为目标。我国古代以四书五经为学习内容，培养儒家崇尚的君子，以修身、齐家、治国、平天下为目标。

近代以降，工业时代来临，人们开始重视科学知识，以实用性为追求目标，培养社会经济建设需要的人才。但是科学和技术仍然是两个范畴的概念。科学和数学一样，在基础教育的课程体系中占据着举足轻重的地位，而技术在课程图谱中却没有得到应有的重视。

我国自古以来有轻视技术的传统，技术一直处于末流。时至今日，我国已成为全球的"制造工厂"，但是这种根深蒂固的观念仍然没有多少改观，社会上仍然存在重科学轻技术的现象。所以有时候我们感到奇怪：为什么我们能造宇宙飞船，却不能造飞机发动机？

说到底这是技术问题，而不是科学问题。根本原因是技术没有得到应有的重视。在社会各行业中，技术人员的社会地位和经济地位没有得到相应的提升；在基础教育和高等教育中，技术教育的地位没有明显的改观。虽然劳动技术、信息技术和通用技术是国家课程标准规定的中小学必修课程，但现实情况是，技术类课程并没有得到足够的重视。

重新审视技术课程的教育价值，我们认为，在基础教育阶段，技术教

① 斯宾塞. 斯宾塞教育论著选 [M]. 胡毅，王承绪，译. 北京：人民教育出版社，2005: 11.

育应该被提升到一定的高度。在“五育”并重的前提下，特别是在国家重视劳动教育的背景下，技术教育应该与人文教育、科学教育等共同构成基础教育的主要内容，并有机融合起来，以更好地发挥育人的功能和价值。

韩日教育行记

世界上每个国家都有自己的精英人才教育战略，只不过有的是明示，有的是暗示。

一、韩国的科学高中什么样

2018 年 4 月 19 日上午，我们从北京启程，飞行三小时后抵达韩国釜山机场。此时已过中午，我们放弃了午餐，直接去往釜山科学高中考察学习。韩国的高中是分类的，包括科学高中、职业高中、艺术高中等，多样化和特色化是韩国高中发展的战略。韩国的科学高中大约有 20 所，以数学和科学为主要特色，其中科学课程包括地球科学。

学校依山而建，我们循着一条坡度很大的长路，上山进校。这似乎有着某种隐喻：科学的大道从无捷径，人们需要辛苦地攀登。

校长和校监出来迎接，然后是介绍，陪我们参观，交流。这是韩国政府指定的韩国英才科学高中，以培养全面化、全球化的领导者为教育目标。

学校成立于 2003 年，每年面向釜山市招收 100 名学生。三个年级的在校生共 263 人，教师 55 人，其中学科教师 41 人，行政人员 14 人。校园很大，建筑面积约 10 万平方米。

学校的定位很高，以进入全球高中前十名作为自己的办学目标，旨在培养优秀的精英人才苗子。从课程来看，学校重视科学与数学，在高端课程中，学生们基本上都是在做真实的研究。学校也非常重视体育、艺术和人文素养。

学校的招生方式是面向全釜山市学生进行选拔。第一关是档案袋评价，主要是评价学生在初中的学习情况，按照 1∶1.5 的比例选拔。第二关是面试，主要是考查学生在科学和数学学科方面的学术潜质、性格等。第三关是由招生委员会结合前两关的情况进行综合评价。学校每周都有双休日，也会面向全市初中生开设科学强化培训课程，名为天才中心活动，实际上是在培训中观察和选择学生。

学校的教学仪器设备很高端，学生用的桌椅非常环保，操场是真草坪，跑道用的是磨砂土，透水性好，非常接近自然，也很环保。体育馆采用自然光，部分屋顶是太阳能面板。

和校长交流时，我们谈到手机管理和早恋管理。校长说他们采用的是比较严格的管理方式，学生周一到校后，将手机上交给老师，周末回家时再领取。对于早恋，她笑笑说，也就是约谈而已。

谈到韩国的高中教育时，校长认为，高考还是有很大的压力，但是现在也在改变，更注重对学生创新能力的培养。看来，东亚的教育相似度很大。

韩国公立学校的教师实行轮换制，每 4 年轮换一次，这么做的目的是促进教育均衡。

其实，世界上每个国家都有自己的精英人才教育战略，只不过有的是明示，有的是暗示。韩国如此，美国亦然。教育均衡与英才培养并不矛盾。教育均衡是底线，国家整体教育质量要有基本的质量标准和保障，但这并不排斥集中力量培养创新型人才。

二、文化自信是每个民族应有的追求

我们4月20日上午离开釜山，几小时后到达大田，下午考察韩国科学技术院。其实这是一所大学，地位相当于中国科学院大学。韩国科学技术院成立于1971年，在世界高校中排名居于前列，在人造卫星、人工智能等方面有很多成就。印象比较深的是，学校将传统绘画作品与现代技术结合起来，画中的水可以流动，鸟儿会鸣叫，人物也可以动起来，实现了静态艺术作品动态化。

图书馆给我的印象是特别人文，很多细节处理得精致到位。即使是每个楼层之间的半层，也会标明。

学院绿化和城市一样，很有层次，颜色特别丰富、养眼。城市的卫生维护得很好，后来我们了解到，这个城市不仅垃圾分类做得好，处理垃圾的机制也很科学。比如，扔垃圾要付费，而且费用很高，扔生活垃圾要买专门的垃圾袋，一个垃圾袋人民币30元左右；如果要扔老旧的电视机等，费用更高。这是通过收费机制来实现减少垃圾的目标。

韩国人的民族文化自主性和自立性很强，这从其废除汉字自创表音的文字就可看出。15世纪以来，韩国尽力摆脱汉文化的影响，第二次世界大战后又尽力摆脱日本殖民文化的影响，坚持走自己的文化之路。

但是走在韩国的大街小巷，并无异域文化的陌生感和区隔感。东亚文化的相似度还是很高的。

首尔旧称汉阳，源于此地在汉江之北，故名汉阳。1394年，朝鲜国王李成桂迁都汉阳并改汉阳为汉城。1948年起，汉城改称为韩语中的一个固有词，意为“首都之城”。2005年1月，韩国政府宣布该固有词的中文翻译名称正式更改为“首尔”。

从这个过程中我们可以看出韩国政府不断去汉化的过程，这同时也是韩国民族文化变得自立、自主、自信的过程。

汉文化对韩国的文化影响至深，不是简单能够去除的。虽然文字已然改变，但其文化的根脉仍是中华文明。韩国的历史典籍是以汉字为载体，这自不待言；旧时的典章制度，乃至医学典籍等，也是用汉字记载传承的。至于有形的文化留存，诸如建筑、文学、艺术等，亦与中华文化有不可分割的联系。

韩国被日本殖民统治数十年，日本文化的印迹也基本被肃清。他们对日本人的情感比较明确，那就是仇恨。所以，日本人留下的文化印迹，相对更容易去除。

韩国政府不遗余力地弘扬民族的文化传统，比如，国民身着韩服照相，可以享受费用减免；在传统节日，如中秋、春节，提倡穿着传统服装，这在民间已成定俗。

人类的文化，并无高低贵贱之分。文化自信是应有的追求。从文化的角度而言，传统与现代，并非水火不容。在首尔的街头，穿着民族服装的男女，与现代版的时尚韩流，相融相合，奇妙的组合映照着时光的穿越。人们在传统与现代的迷离中，看见历史的观照、审美的嬗变和文化的回归。

三、韩国重视科学教育

4 月 21 日，我们参访世宗科学高中。

世宗科学高中位于首尔市，办学时间不长，学校规模也不大，学生有 400 多人，教师有 70 多人。它的办学成绩可能比釜山科学高中要逊色一些，校舍和设备也陈旧得多。

4 月 22 日，我们访问了首尔英才科学高中。（据了解，全韩国有 8 所英才科学高中，这是在科学高中的基础上，以培养未来拔尖人才为目标的学校。）这所学校成立于 1988 年，原来是一所科学高中，2008 年被批准为英才科学高中。

这所学校面向全韩国招生，每年招收 120 人，其中首尔地区占 50%。学生中男多女少，全校 360 名学生，只有不到 30 名女生。师生比是 1:5 左右。学校的校园很大，还有一块菜地，供学生们种菜。学校的宁静、宽敞让人印象深刻。

学校有一名校长和一名副校长，下设行政部门，然后就是各学科教师。学校行政人员约 40 人。除了会计、校医等专业性岗位外，一般的行政工作都由教师兼任。副校长开玩笑说，这个学校的工作主要都是由副校长和副主任来做，校长和主任主要是做决定的。

学生实行班主任负责制，但这个班主任负责制已经接近导师制了。学校有生活部，专门负责学生的行为规范和纪律等。

学校的课程很丰富，是为每个学生的成长量身定制的。数学和自然科学的内容偏深，选修课一般都是大学一年级的课程内容，或者是 AP 课程（大学先修课程）。学校没有专门的竞赛课程，但是课外时间学生可以请教师辅导。这所学校的奥赛成绩很好，基本上可以代表国家队去参加国际比赛。这所学校目前是韩国最好的高中。

学校的科学课程中，理论课程与实验课程是分开的，单独成系列。学生在高二下学期可以开始选修大学先修课程。将大学课程下放到高中，很多国家都有多年的尝试了。

这是一所寄宿制学校。学生的一天是这样度过的：早上 7: 00 起床；8: 30—12: 10 是上午课；12: 10—13: 30 是午餐及休息时间；13: 30—16: 10 是下午课；16: 30—19: 00 是自由活动时间，学生可以独立探究或参与社团、辅导等活动。晚餐 17: 30 开始；19: 00—23: 00 是晚自习；

24: 00 睡觉。学生还是比较辛苦的，据说有学生学习到凌晨一两点。

学校的实验设备很先进，感觉和大学高端实验室差不多。独立研究是课程的一部分，学生要做真实的研究，必须要完成相应的学分才可以毕业。学生可以每两人组成一个研究小组，也可以去大学和教授们一起研究。

3 年 240 个小时的社会服务，也是毕业的条件之一。学生们全程用英语给我们介绍学校，英语口语水平较高。

韩国的人口规模和国土面积都不大，经济发展水平和人民生活水平不低。国家重视教育，特别是重视科学教育，令人印象深刻。

四、日本教育初印象

4 月 23 日，经过两个小时的飞行，我们抵达日本千叶县成田国际机场，晚上 9 时许到达东京。恰逢大雨如注，在一片蒙蒙雨雾之中，东京益显迷离朦胧。

第二天上午，雨仍未停歇。我们来到东京国立博物馆参观，印象最深的既不是精美的漆器，也不是华丽的浮世绘，而是展室内那一柄柄刀剑，寒光闪闪，杀气逼人。这些刀剑是日本 14 世纪以来各个时期的展品，有短刀，有长剑，虽过去了几百年，钢火上佳的刀刃仍然簇新如昔，品相极好，成色十足，穿越了时光。在这一柄柄刀剑上，时光也没有留下颜色。主人虽已不在，刀剑仍然熠熠生光，似乎随时准备跃然而起。“夜夜龙泉壁上鸣”，人们似乎能听到剑鸣之声。

日本果然是热爱刀的国家。馆内展出的武士写真像上，每个人都毫无例外地挎一柄长刀，腰间别一枚短刃。这是一个“菊与刀”的民族。

午餐后雨止。我们前往参访东京筑波大学附属高等学校。在日本，所谓高等学校，其实就是高中，中学则是指初中。

这所学校成立于1888年，至今已有一百多年的历史。原是公立学校，现在成为日本文部科学省指定的特许学校，介于公立与私立之间。教师仍是公办学校教师的身份，学生交费上学（每年10万人民币左右），家长自愿捐款，政府也有财政支持。这样的特许学校全日本有120多所。学校有较大的办学自主权，包括课程设置权。

学校的办学规模不大，每个年级有6个班，每班有40名学生，每届有240名学生，全校有720名学生。三分之二的学生是由筑波大学附属中学直升，三分之一的学生由外校考入。学校的录取门槛较高。

学校以“自主、自律、自由”为教育方针，这与青岛中学不谋而合。副校长那须和子解释说，自由是建立在自主和自律的基础之上的。这所学校的学生没有校服（日本不要求学生穿校服的学校非常少），手机可以自由使用，谈恋爱也是自由的。那须和子介绍，这是学校多年以来的传统，长久以来未曾改变。

学校的课程主要分为必修课和选修课两大类。必修课程主要在高一高二完成，选修课程主要在高三完成。必修课中也可以选择，比如高二的物理和地学二者要选其一，高三的数学和国文要选其一，等等。日本高考分文理科，那须和子介绍，文科高考不考数学。这是很多文科学生的福音，值得我们学习。

学校开设伦理课程，不太清楚主要内容是什么。另开设综合课程，主要是培养学生的人文素养和解决问题的能力（比如异文化理解、全球视角、教养、主体性和合作性、议论能力等）。除体育外，学校还开设每周一节的保健课程（高一、高二），这属于健康学科领域。

学校每天有6节课，每节课50分钟。学生早上8: 10到校参加晨会，中午吃饭和休息1个小时，15: 00—17: 40参加课外活动。

我听了两节课，数学和物理。数学是讲授课，物理是结合实验的学习。仍然是固定的行政班，班主任负责制。文化课没有分层。学校的教学仍是传统的样式。

回宾馆的路上，看见别的学校放学的中小学生基本都穿着藏蓝色的校服。导游介绍说，日本学生的校服质量很好，也很贵。高中校服大约要10万日元（6000多人民币），包括两件外套、7件衬衫，以及鞋袜。小学生还统一配置书包。这个书包晚上会发荧光，很远就能看见。学生过马路时，荧光可以提醒车辆注意。地震时学生将书包顶在头上，可以防止掉落的东西砸伤头部。在水中，书包可以当救生圈。书包上面还有GPS定位系统，校服领子上也有学生的个人信息，这些均是从安全角度考虑的人性化设计。

参观完学校，顺道路过上野公园。这是东京最大的公园，公园内古木参天，有银杏、香樟等，绿意婆娑。我是从中学语文课本中鲁迅先生的文章里知道此地的："上野的樱花烂漫的时节，望去确也像绯红的轻云……"可惜我们来得迟了点儿，花期已过，花事阑珊。但从道旁高大的樱树，湖面上斜伸出来的树枝，可以想见花期的盛景。

五、让学生解决真实的问题，做真实的研究

4月25日上午，我们参观了东京都立科学技术高等学校。这所学校开办于2001年，专门为科学与技术类高校培养学生，是日本文部科学省指定的超级英才科学技术高中。

学校的规模不大，每个年级有6个班，每班有35名学生，全校有600多名学生。

学校的科学和技术教育主要是培养学生的创造能力、问题解决能力和

交往能力。

日本政府投入资金重新装配了学校的设施和装备。学校的实验室完全可以满足开展真实的科学研究的需求，而不是仅仅满足教材中的实验要求。实验室面积很大，目测每个都在 300 平方米左右，有讨论区、实验区、器材区等，两个实验室之间是老师的办公室，彼此相互连通。

学校选拔学生的方式主要是看中考成绩，同时结合初中教师的推荐和学生的自荐，然后通过面试，考查学生的潜质，包括对自然现象是否有好奇心、是否有实践动手的能力和经验，以及是否有探究的激情和动力。

学校课程有自由度，有必修课、必选课及自选课。压缩了一些社会学科的课程，比如地理等。自主开设了工业技术基础、信息技术基础、科学技术探究、课题研究、科学技术实习、科学技术理论等课程。

学校与大学、研究所、企业等联系紧密，通过科学体验、实习、访问大学研究室、组织高端讲座等方式，扩大学生的视野，让学生接触和了解先进的高端科学技术。

学生在课余时间有很多科学技术方面的社团活动，比如排演科普剧、进行科学研究等活动。

学校有行政班，但在不同的课程中学生人数不同。比如，数学课有 24 名学生，英语课有 18—24 人，理科一年级是 24 人，二到三年级有 10—20 人，自主开设的工业技术基础、科学技术实习课分别是 12 人，信息技术、科学技术理论、科学技术探究等课程分别是 24 人。

课题研究是 4 人一组，学生自主选题，开展为期两年的真实的科学研究（高二、高三），要有详细的科学研究方案与记录，最后还要有作品或成果。在参观过程中，我们看到了往届毕业生的研究作品，有一年几个毕业生设计制作了一架飞机，看后令人印象深刻。学生真实的科学研究，是真正的深度学习。学校着眼于培养学生的科学探究能力、创新能力、实践能力和问题解决能力。

对比之下，我们的学生在做题，人家也许在解决真实的问题；我们的学生在做教材上的实验，人家也许在做真实的研究。这样的差距不可谓不大，值得我们警醒。

第三辑

因未知而学，为学习而教

以课程视角观照课堂教学

单纯的教学改革大多是方法论层面的改革，课程改革是本体论层面的改革。真正有价值的改革都是有意或无意地具有课程论意义的改革。

课程与教学是相互关联的、两个层面的不同概念。1989 年，我刚刚从安徽师范大学历史系毕业，被分配到马鞍山市第二中学任教，负责初中四个班的历史教学工作。教了大约一年多以后，我向学校分管教学的汪延茂校长提出，能否让我在一个班级做教学改革试验。我的方案是，将世界历史与中国历史合并教学，在世界历史的大背景下观照中国历史，帮助学生在时间和空间上建立大历史观。他同意我进行试验，还答应去北京开会时，将我的方案汇报给人民教育出版社的苏寿桐先生。

现在看来，我当时的做法是重构学科的单元知识结构。这是教学改革尝试，但又似乎区别于当时盛行的一般意义上的教学改革尝试，因为这不是教学方法的改革，而是从课程视角出发的改革尝试；这不是对如何教教材的改革，而是对如何用教材的改革尝试。20 多年后，高中历史课程改革的思路之一，就是中外历史合并教学。

一、课程意识与课程视角

过去若干年来，我们一般是从教学的角度来探讨教学改革，因而主要着眼于教学方法、教学技术、教学艺术等方面的探索和改进，也往往流于经验式、表面性和碎片化。

一旦我们从课程视角来探讨教学改革，就会追本溯源，从价值的角度而非方法的层面来研究教与学，从而触及很多深层次的问题。

从广义上讲，课程视角主要包括以下几个方面。

课程目标——通过课程培养什么样的人？培养人的哪些知识、技能和素养？这些目标的来源与依据是什么？

课程内容——什么样的知识是有价值的？人类知识浩如烟海，究竟应该将哪些知识传授给下一代？

课程结构——知识以何种结构方式传递给儿童？是以学科知识结构为主，还是以儿童的认知结构为主？是以学科综合的方式还是以分学科的方式来组织知识？

课程实施——如何有效地组织教与学？

课程评估——如何有效地评估课程目标和标准是否实现？

根据这样的解释，教学与课程实施基本上是同义概念。也就是说，教学是广义课程的一部分。课程主要讨论“是什么”和“为什么”，教学主要讨论怎么样。也正是在这个意义上，课程与教学既有区别，又有深刻关联。

泰勒写《课程与教学的基本原理》一书，就是将课程与教学联系在一起的，或者说更关注二者之间的联系。教学是课程中显性的部分，如冰山之一角；而课程中大量隐性的部分，则如隐藏于海水之下的冰山。

比如，具有一定课程意识或课程视角的数学教师，应该考虑以下问题。

一个将来不从事数学研究的人为什么要学数学？

数学的学科素养是什么？

数学学科的思想是什么？

数学对思维训练的贡献是什么？局限是什么？

数学学科的基本问题和核心观念是什么？

…………

教师对这些问题有了清晰的认知后，在课堂教学中就可以做到高屋建瓴，就可以重构单元，重新组织知识结构，取舍学科知识内容，也就明白了应该在哪儿用力，从哪儿切入，补充哪些学习资源。如此，他才会真正地用教材教，而不是不明就里地教教材。

学生也有课程意识，比如，他会问："我为什么要学习一元二次方程？""我为什么要学习别的国家的地理？""我为什么要学习远古的历史？""我为什么要学习音乐和美术？"等等。

学生的自我学习系统，一般是由兴趣、挑战和意义激发的。刚开始，学生可能是因为感兴趣而学习，学科的趣味性开启了自我学习系统；后来学生可能会遇到挑战，学科的挑战性也可以激发学生的学习动机；时间长了，兴趣和挑战不再能够持续地开启他的自我学习系统，不能激发他的学习动机，此时就需要学科价值和意义登场，学生明白了学科学习的内在价值后就可以长久地保持学习的内动力。

二、学科的核心价值与教育功能

泰勒说，学科价值就是该学科对将来不从事本学科专业工作的普通大众的教育功能与核心价值。他在《课程与教学的基本原理》一书中，详细阐述了不同学科的核心价值与教育功能。

比如，语言学科的核心价值和教育功能，一是让学生学会沟通与交流；二是让学生学会有效表达，以及在表达过程中的内部调节；三是让学生学会澄清思想。

比如，文学学科的核心价值和教育功能，一是给学生提供机会，增加其间接经验，帮助其拓宽视野，“使其能探究他凭个人实力不能即刻参与的各种生活及生存方式，还向他提供探索各种情境的机会并使其产生身临其境之感，对他来说，这些情境太危险，有太不堪设想的后果，以致他不能在现实中进行充分的探索”①；二是培养学生阅读的兴趣与习惯；三是培养学生的鉴赏能力。

比如，科学学科对普通公民的价值，一是促进个人及公众的健康；二是促使人们合理利用并有效保护自然资源；三是提供一种描述，让人们像科学家一样更清楚地认识世界、人与世界的关系、世界在宇宙中的位置等。

比如，艺术学科的核心价值和教育功能，一是拓展学生的感知范围，帮助他们通过艺术家的眼睛来观察事物，获得一种特殊的感知力；二是让学生用语言之外的另一种媒介来交流沟通，艺术能澄清人的观念和感觉；三是帮助学生实现个人的整合，艺术是个人表达、压力排遣的有效手段；四是培养学生的兴趣和审美价值观；五是培养学生的技术能力。②

我在诸多教师招聘的场合和应聘者交流时，一般会问他们这样的问题：你认为中小学生为什么要学习你这门学科？这门学科的学科思想有哪些？但是很遗憾，我基本上听不到非常满意的回答。一个数学博士或硕

①② 泰勒. 课程与教学的基本原理 [M]. 罗康，张阅，译. 北京：中国轻工业出版社，2016: 29, 28-32.

士也许不能够说出数学是什么，数学的学科思想有哪些。当他走进中小学的课堂，他并不知道数学的学科价值在哪里，也就不知道应该教什么。他只能将教材、教参当法宝，最多只能在教学的方法与技术层面做些探究罢了。

教师应当具有课程意识，即对本学科的价值有深刻的理解：理解本学科独特的育人价值，理解本学科的核心观念，理解学科素养的核心是培养人的思维品质。

单就对思维品质的培养来看，不同学科具有不同的价值和贡献。比如，自然科学侧重分析思维，从因果的角度去研究，揭示事物之间的因果关系；社会科学侧重综合思维，从系统的角度去研究，关注事物的总体和结构；人文科学侧重感性思维，从情感的角度去研究，关注理性之外的要素，比如情感的、审美的要素；形式科学，比如数学和逻辑学，侧重抽象思维和逻辑思维，从形式的角度去研究，关注事物之间的必然性关系。

但是很多学科都有自身的局限性，斯宾塞对此曾有过论述。比如，数学思维关注必然性，它只研究确定性的东西，忽略那些不确定的东西；关注细微的东西，而忽视大概念和事物的主要特征。斯宾塞曾开玩笑地说，学数学的人将“力量用在一个问题的某一微小部分上，而忽略了问题的主要特征”。[①] 学数学的人容易钻牛角尖，精于算计，却缺乏大格局；长于细部，劣于整体观。所以我经常开玩笑地说，学数学的人不宜去参与制定薪酬方案，因为他往往比较多地计较细节而有可能忽略整体目标与理念。

自然科学注重分析原因与结果，从定量和实证的角度去揭示原因与结果之间的关系，这有助于训练人的分析思维。但是，诸如物理和化学学科

① 斯宾塞. 斯宾塞教育论著选 [M]. 胡毅，王承绪，译. 北京：人民教育出版社，2005: 194.

的思维训练也有局限：一方面，它们注重分析，但缺乏综合，或者说止于分析，却忘记了分析只是手段，综合才是目的；另一方面，自然科学揭示的因果关系，在解释高级现象时不一定适合，因为高级现象的因果关系可能是复杂的、不确定的。自然科学自身的精密性，与因果关系的确切性是相称的，但自然科学往往止于寻找简单的、确切的原因，而对于复杂的、不确定的因果关系，可能就显得不足了。

在斯宾塞看来，也许只有生命科学和社会科学是系统的综合研究。因为生命世界和社会世界一样，都是一个有机的系统，其间的因果关系具有复杂性、偶然性、连续性（一种结果是另一种现象的原因，有可能再产生另一种结果……）的特点。生命世界还有“多产的因果关系”（因果的累积性）。因此，生命科学的训练是多样的、系统的心智训练，可以被移植到社会科学的研究中。

教师要具备课程意识和课程视角，就要站在学科价值的角度去认知课程目标和功能。否则我们不可能有分寸地把握长达 12 年的基础教育，对于学科素养也就不甚了了。

三、学科核心素养与核心问题

学科核心素养是指具有学科特点的、适应学生终身发展和社会发展的必备品格、关键能力和价值观念，它是知识、技能和价值观的综合体。

比如，语文学科的核心素养主要是语言建构与运用、思维提升与发展、审美鉴赏与创造、文化传承与理解等。以语言建构与运用为例，它包括口头语言、视觉语言和书面语言三个部分，以及语言的输入与输出两个基本环节。语言的输入包括聆听、观看和阅读，语言的输出包括言说、演示和写作。这是广义的语言建构与运用。但在现实的语文教学中，出于应试的需要，我们一般只重视书面语言的学习与训练，而口头语言和视觉语言的培养长期被忽视，造成学生敏于写而讷于言。学生写起作文来洋洋洒洒，说起话来却磕磕绊绊，甚至要预先通过书面语言的转换，通过写作才能更好地言说。同样，我们对图表、图形、图像、广告、视频、漫画等视觉语言和非连续文本的教学也比较薄弱，这一点在 PISA① 考试中已被证明。

在我看来，语文学科的核心素养和核心内容可以概括为文字、文学和文化。语言文字既是交流的工具，也是思维的载体，即语言的建构与运用、思维的提升与发展；文学是更高层次的素养，即审美鉴赏与创造；最高层次的素养是文化，即文化的传承与理解。教师了解语文学科的核心素养和主要内容，就可以更灵活地运用教材，并且更广泛地选择各种学习资源。

比如，数学学科的核心素养主要是直观想象、数学抽象、逻辑推理、数学建模、数据分析、数学运算等。数学学科的核心内容是数、量、形及其关系。那么数学学科的核心问题是什么？美国的共同核心标准（Common Core State Standards）这样描述数学学科的核心问题：

- 数学怎样被用来量化和比较状况、事件和现象？
- 对象和过程的数学属性是什么？怎样测定或计算出这些属性？
- 空间关系（包括形状和尺寸）怎样被用于绘制、构建、模拟及表现真实情形或解决问题？
- 数学怎样被用于测量、模拟及计算变化？

① PISA 为 Programme for International Student Assessment 的缩写，意为国际学生评估项目。——编者注

- 我们收集的信息中包含了哪些规律？它们有什么作用？
- 怎样利用数学提供模型，以帮助我们解释数据和做出预测？
- 数学建模或数学表达有哪些局限？
- 数据可以用什么方式表达，以便将其准确含义简明地传达给特定观众？
- 数学模型的图形和数据怎样帮助我们更好地了解我们居住的世界？
- 数学推理是什么意思？
- 数学怎样为有效沟通提供支持？
- 有效的问题解决者会做什么？他们陷入困境时会做什么？

这些核心问题已经触及学科思想的层面，上升到认识论和知识论的高度。这有助于教师从知识本质和认知方式的角度来思考学科的价值与局限，从而更好地培养学生的理性思维和批判性思维能力。

美国的共同核心标准这样描述历史学科的核心问题：

- 我们为什么学习历史？
- 我们能从过去学到什么？
- 我如何连接到那些过去？过去我是怎样的？
- 我们如何知道过去发生了什么？
- 我们怎样才能知道我们不在那里？
- 我们应该相信谁？为什么？
- 这是谁的“故事”？
- 历史是由胜利者讲的吗？
- 历史不可避免地具有偏见吗？
- 人们是如何创造历史的？

- 历史造就人，还是人创造历史？
- 对于______（任何历史事件）来说，谁是“赢家”和“输家”？
- 什么原因导致历史的改变？又有什么是不变的？
- 如何对我们发现的文物进行合理推断？
- 当历史的主要史料来源不一致时，我们应该怎么做？
- 早期群体和个人的遗产如何影响后代？
- 因果关系如何在历史年表中体现出来？
- 世界是如何改变的，未来又会如何改变？
- 那些不学历史的人注定要重蹈覆辙吗？

这些核心问题既是对学科价值和知识本质的追问，也是对教与学的追问。它们超越了学科知识、技能的目标层面，直接指向学科的本质；也超越了识记、理解、应用的认知层面，直接指向学科的批判性思考，从学科哲学的高度眺望知识的核心与边界、价值与局限。这也是课程意识和课程视角的重要表征。

和核心问题相关的是大概念。比如，体育学科的核心素养除了健康和运动技能以外，还有其他大概念，包括团队协作、沟通、领导力、策略、冒险精神、规则、竞争、适应性、运动员精神等。有了这些大概念，体育学科的课程内涵会变得更加丰盈，体育学科具有了健康和运动技能以外的课程价值和育人功能。教师在开发课程和进行单元设计的时候，可以基于上述大概念来思考体育教学活动与学习目标，甚至可以在素养层面上与其他学科进行整合。

学科大概念和学科素养可以作为学科整合和融合的依据。比如，在青岛中学的初中人文课程中，我们用“人与自我、人与社会、人与自然、民族情怀、国家认同与国际理解”等人文与社会领域中的大概念，来整合初中历史与社会的相关学科知识。以人文素养的培养作为课程目标，以学科综合的方式重新建构人文课程的意义与价值。结构决定功能。这样的结构由近及远，由小及大，由现在及过去和未来，符合学生的认知逻辑，也符合人文学科的知识与素养系统，同时也照顾到学科内的集成与学科间的整合二者之间的平衡。

在青岛中学的初中科学课程中，我们用“物质、运动、变化与稳定、结构与功能、能量、相互作用、系统”等科学领域中的大概念，来重构初中科学学科的知识，整合学科知识与技能，构成科学课程的逻辑框架，同时保持学科知识的相对独立性。科学课程以培养科学素养为目标，培养学生的科学探究能力、理性思维能力、实事求是的科学品格，进而上升到科学观念的层次，指向自然哲学的高度，并在哲学的高度与人文学科的素养目标相遇。同时，我们也充分关注环境科学、空间科学、工程技术，并将之整合到科学课程中。我们坚持面向未来的教育指向，努力弥补传统课程中相关内容的缺失。

在青岛中学的小学融合课程中，我们用“我与我们、我们与社会、我们与自然、我们与世界、我们与未来”等大概念，以超学科的深度融合的方式，打破学科界限，建构小学阶段的知识、能力和素养体系；尊重儿童的认知规律，以深度体验和探究为主要学习方式，培养学生的自主学习能力，并让学生在探究中获得知识，提高能力，提升素养。

四、课程视角是教学的指针

以课程的视角来观照教学，有登高望远的感觉，可以帮助我们寻找到教学的指针。首先，课程关注目标，即学习的价值与意义。学生理解了学习的价值与意义后，他的学习动机、积极性、方向感、参与度都会大大提高。其次，课程关注内容。在知识爆炸的现代社会，在有限的教学时间内，我们应该教学哪些内容？哪些知识是有价值的？在课程目标的指引下，我们可以对内容进行取舍和增减，充分关注具有迁移性、承载着能力与素养的学科大概念和核心问题。最后，课程关注结构。结构决定功能，在课程目标的指引下，我们可以依据学生的认知结构和学科知识结构来重构单元的内容体系。

所以，课程视角是对教学目标与评价、内容与方法的高度领悟与深度理解。循此，我们可以让教师对国家课程进行二次开发：编写课程标准细目，从知识、技能、素养的角度，将国家课程标准具体化、行为化，让其成为师生共同遵循的学习目标和指针；编写学生读本，以学生认知的视角来解构和重构学科知识；提供其他更为丰富的课程资源（文本、视频），设计课程蓝图（教学方案），开发教与学的工具和脚手架，研制评价方案（形成性评价与终结性评价）。课程开发会给教师带来极大的挑战，但却是对教师最好的培训。教师对课程有了深入的理解后，在教学过程中，就不会片面地纠结于方法与形式，而是注重教学目标与评价、内容与方法的一致性。

单纯的教学改革大多是方法论层面的改革，是基于认知心理学的改革；课程改革是本体论层面的改革，是基于教育哲学的改革；真正有价值的改革都是有意或无意地具有课程论意义的改革。

因未知而学，为学习而教

教之于学，犹如卖之于买。别人没有买你的东西，就不能说你卖了。

比利时鲁汶大学门前有个雕塑：一个学生一只手捧着一本书，另一只手握住一个水杯，把水从头上浇下来。这个雕塑的喻义是希望将知识灌进大脑。19 世纪客观主义的知识观和行为主义的教学观，认为知识是客观的，教学是教师将知识灌输给学生的过程，这个雕塑是这一理论的隐喻。我们现在大多数课堂和教学，仍然重复着这样的灌输式的教学模式和接受式的学习模式。

其实，我国古代就有“学习”的传统：“只闻来学，未闻往教”。《论语》的开篇就是《学而》，我国第一篇专门的教育论著是《学记》，《荀子》第一篇是《劝学》。我国古代就有学堂，近代才被教室所取代。所以，从某种意义上说，从教学走向学习，毋宁说是一种回归，回归学习的本质。

但是从教学走向学习，我们还有很长的一段路要走。

一、从教学走向学习

从教学走向学习，是指向更复杂的认知过程和更高阶的知识维度，指向能力素养和深度学习的过程。

从认知过程来看，学生学习的自主性与认知活动的复杂程度是正相关的。在布卢姆的教育目标分类中（布卢姆将认知领域的目标分为：识记、理解、应用、分析、综合、评价），低阶目标如记忆、理解、应用等认知活动，可以通过教的方式实现；而高阶目标如分析、综合与评价等更复杂的认知活动，必须通过学生的自主学习与建构才能更好地完成。

从知识的维度来看，学生学习的自主性与知识的类别相关。事实性知识和概念性知识，学生可以通过教师教授的方式习得；而程序性知识、策略性知识和元认知知识等，学生则主要通过自主学习与实践才能更好地习得。

从某种意义上说，知识和技能是可教的，而能力和素养是不可教的。能力必须通过主体的实践性活动才可能得以形成，素养必须通过知识的活化和能力的迁移才能形成。

有时候我们会担心课堂效率和教学秩序问题。我们通常认为，以教为主的课堂效率高，时间和内容均是可控的；而以学为主的课堂，缺乏效率，而且随意性大，难以掌控。比如，一个科学定律，教师 10 分钟就可以讲清楚了，如果一定要让学生去体验和探究，则非半天时间不可。

这是从教的角度来思考问题，而不是从学的角度来思考问题。考虑的更多的是如何方便教，而不是方便学；考虑的只是教的效率，而不是学的效率。教师关心的是这一堂课的教学内容能否完成，至于学生的学习效率、效果、效益究竟如何，则不甚关心。

从教学走向学习，课堂的关注点不再仅仅是教师的行为和教授的过程，更重要的是学生的学习行为和学习的结果。从教学走向学习，学生不仅是理解和接受间接经验，而且通过体验和探究，有可能理解和掌握直接经验；学生不仅可以掌握低阶的知识和技能，而且可以通过自我建构，形成高阶的可迁移的能力与素养。

如果学生通过学习习得的不仅是知识和技能，还有可迁移的能力与素养，那么，从长远来看，这样的学习才是高效益和高效率的。教永远是为学服务的，离开了学的效率、效果、效益，就谈不上教的效率。

二、教师的作用不是减弱而是转变

从教学走向学习，课堂中心和学习主体发生了转变，学习成为课堂的中心，学生成为学习的主人，教室还原为学堂；从教学走向学习，教师和学生在课堂上的行为方式发生了转变，学生从被动接受转变为主动建构，教师的角色定义转变为学习的设计者、组织者和引导者。

从教学走向学习，教师的工作重点主要包括两个方面。第一个方面是单元设计：单元学习目标的设计、核心问题与关键任务的设计、评估和诊断的设计，同时提供学习资源、学习策略、学习工具与脚手架，为不同的学生提供不同的学习支持。第二个方面是在课堂上的学习引导和组织。课堂上忙碌的应该是学生，教师可以端着咖啡，引导学生学习。教的目的是引导学习，教育（education）的词源学含义就是引导。这种引导主要是流程的引导与控制，对学生学习的个别化关注与支持，对学习的观察和过程性评估。

设计学习目标时，教师要先将课程标准转化为教学目标，再将教学目标转化为学习目标，这是一个螺旋向下的过程，从高位的概括和抽象的课程标准，逐步细化为贴近学生学习实践的学习目标，使得学习目标清晰可见，让师生都知道要去哪里。

除了知识、能力和素养目标之外，教师还要将学生的自我系统和元认知能力纳入学习目标的设计范围之内。马扎诺的教育目标新分类法的贡献之一就在于，他在布卢姆的目标分类上增添了元认知能力和自我系统。元认知能力指学生对学习的自我反思能力与自我监控能力；自我系统激发学生的兴趣，挑战学生的学习力，让学生看见学习的意义。这两个方面的目标对于提高学生学习的反思能力和能动性具有十分重要的意义。教师在设计单元目标的时候，应该有意识地关注这两个问题：如何培养学生的元认知能力？如何启动学生的自我系统？

设计学习任务时，教师要基于学科素养，聚焦学科大概念和核心问题来设计关键任务群。关键任务群要具有足够的张力，起点低，让每个学生都能跨进这个门槛，同时又具有高挑战性，能够引领学生逐步深入探究，培养学生的高阶思维。学习任务要指向真实情境，体现探究性和实践性，以现实世界的真实任务驱动学习，让学生在做中学，注重学生的输出性学习，让学生也成为知识的生产者。指向实践的学习才是深度学习。学习任务同时也可以作为表现性评价的载体，通过主题—探究—表达的方式实现知识、技能、素养的可视化培养和评价。

设计资源、工具和脚手架时，教师要注意资源的多样性和工具的开放性，为不同学生的不同学习路径提供不同的支持。

设计诊断与评估方式时，教师要注重目标、内容、评估的一致性，这也是布卢姆强调的。紧扣目标，回扣目标。在现实的教学中，我们往往忘记了目标，以教学内容作为评估的依据，以内容代替目标，而将目标弃之不顾；或者是让评价取代了目标，只重视评价，而罔顾目标。教师每年认真研究中考和高考的考试说明，而不研究课程标准，便是明证。新的高考改革明确指出，今后高考不再制定考试大纲，而以课程标准统领教学内容和教学评价，这样可以最大限度地保证目标、内容、评价的一致性。因此，在设计诊断与评估方式时，我们可以采取以终为始的方式进行逆向设计，将评价前置，紧扣目标。

所以，从教走向学，教师的作用不是削弱了，而是有所转变。教师要设计学习、领导学习、评价学习，其实难度更高了。

三、建设合作学习的课堂样态

学习既可以是近代以来班级授课制下的集体性学习，也可以是古代私塾中的个别化学习。合作学习是区别于集体性学习和个别化学习的形式，同时兼具二者的优点。

按照建构主义的观点，知识是分布式的，学习是一种社会性行为。合作学习是学生在教师的指导下，通过同伴互助，在学习共同体中共同完成对知识的意义建构。

在集体性学习中，学生之间的差异会带来种种问题；而在合作学习中，差异成为一种资源，因为合作学习是基于异质个体的合作与协同学习。“没有差异就没有对话，没有对话就没有教学。”[①] 教与学的本质是调动学生的活跃思维，激活认知冲突，展开集体思维。批判性思维和创造性思维均是在集体思维中形成的。

合作学习的内容难度必须设置得高一些，具有挑战性，同时教师要鼓励低水平学生向其他学生学习和提问。遇到无法理解的问题，不要总是一个人思考，而要求助于他人。低学力儿童更需要合作学习，需要通过伙伴和教师的帮助，得到提升。低学力儿童摆脱低学力状态不是累积的，可以在某一点上实现突破。所以，他们也需要有挑战性的学习任务。学力的提升是靠高端引领完成的，即在最近发展区内完成。

在合作学习中，一般不设领导者，多采取男女混编、异质分组的方

① 钟启泉. 读懂课堂 [M]. 上海：华东师范大学出版社，2015: 96.

式。教师要鼓励小组成员有个人见解，鼓励差异性和多样性意见，以激发合作性思维。教师要关注那些不能参加小组学习的学生，当然不是要提供一对一的帮助，而是要帮助他回到小组之中。正如帕克·帕尔默在《教学勇气——漫步教师心灵》中所说，教师像是牧羊人，牧羊人要将羊群带到有草吃的地方，并随时注意收拢那些掉队的小羊。

合作学习也存在有关学习进度与效率的潜在问题。人们往往认为这样的学习方式效率低，完不成教学进度。处理这类问题，一是要重构单元，大胆取舍，重新组织教学内容，根据具体情况进行压缩或拓展；二是要设计有挑战性的学习任务，学习不一定必然从低阶认知目标开始，也可以从高阶认知目标入手，将学习任务上升到综合、分析、评价和创造的高级认知阶段。一般来说，高阶认知目标往往可以同时实现低阶认知目标，反之则不行。当然，有挑战性的任务一定要通过合作学习来完成，而不是只由少数学生完成。最后，对于特别优秀和特别困难的学生，我们应该通过选修课程和援助课程来进一步提优补弱。

四、让学习真实地发生

前段时间我和年轻教师聊天，了解到他们的焦虑和纠结。他们担心这样的课堂难以体现一节课的完整性、精致性和教师的教学技艺，虽适合学生，却不适合参加教学大赛、优质课评选等，会影响评委的评分。

我理解他们的担忧，这是很现实的问题。当然教学大赛和优质课评比带有一定的表演性，这另当别论。但是，这个问题的本质指向的是教学目的与课堂评价。教学何为？什么样的课堂是好的？从教走向学，不仅仅是方法论问题，本质上是价值观问题，涉及教学的目的观、课堂的主体观和评价观。

有人说，“教之于学，犹如卖之于买”。我非常认同这句话。别人没有买你的东西，就不能说你卖了。没有学的行为发生，就不能说完成了教。因此，教师的全部着眼点应该集中于此：让学习真实地发生。

2017 年我在美国的一所中学访问，听了一节十一年级的 IB 心理课，主题是记忆的可靠性。每个小组选取不同的角度来研究和展示。前 5 分钟，学生分组准备课堂展示。第一组的 3 名学生首先汇报小组的研究成果，他们选取的角度是心理创伤对记忆的影响，用时 25 分钟。这个小组发现，泰坦尼克号的幸存者在回忆他们亲眼所见的船的沉没过程时，对船体是先沉没再断裂，还是先断裂再沉没，描述并不一样。他们的研究结论是，心理创伤对记忆有扭曲，人们的记忆并不总是可靠的。然后，老师请各组针对第一组的汇报进行讨论，并帮助补充和完善，讨论约 5 分钟，补充约 10 分钟。然后，第二组展示汇报……看完这节课，我的一个感觉是在这样的课堂上老师是设计者、组织者和帮助者，学生是课堂的主角，解决问题是课堂的中心，学习真实地发生了；另一个感觉是，这样的一节课看不出来什么，因为它不完整也不好看，但是从一个单元来看，就能看见深度学习是如何发生的。

让学习真实地发生，必须将课堂还给学生，必须让学生成为学习的主体，必须让学生的思维真正活动起来。

当然，学习并不会自动地发生，学生也不会天然地知道如何学习。学习也是需要指导的，比如，合作学习如何展开、任务式学习如何进行等，教师要提供工具和方法的指导。

我在美国访问时曾听过一节九年级的英语课。他们这个单元学习的是整本书阅读，上一次读的是《牛虻》，这次读的是莎士比亚的《罗密欧与朱丽叶》。读完两本书后，教师要求学生写篇作文，主题是比较这两本书中关于悲剧的描写有何异同。有关这篇作文，教师提供了非常具体的 10

条写作指导。

参照下列要求，完成你的作文。

完成后请再回顾这些要求，并逐一检查画钩，最后将此页作为作文的封面。

1. 这篇作文应该不超过 1200 字（每个段落大约 150 字）。

2. 必须按照美国常用论文格式来写作，文章要有标题。

3. 一篇正式的文章应以第三人称（不是“我”的陈述）来写。去除“我认为”“我相信”“在我看来”这样的语言，要对自己的观点充分信任，就像陈述事实一样陈述自己的观点。

4. 一篇有分量的文章一开始都有一个引言性的段落，在这个段落的结尾处应该提出你的主题观点（开始是与主题相关的三个想法，然后过渡到文章的主题，加上四个支持性观点，最后提出自己的主题观点）。

5. 文章的主体部分应该包括以下几个段落：

有力地支持你的主题的论断与观点；

每段有两处引文；

证明你的观点的有力证据；

结尾再回应你的主题或观点。

应该考虑你的支持性观点的顺序与结构，将最有力的支持性观点放在最后一个主体段落中。

6. 重复检查直接引文的标点。一般有两个发起人的引文是这样的：

Ralph says, “Until the grownups come and fetch us we’ll have fun.” (Golding 35)

Romeo shouts, “Then I deny you，stars!”（Shakespeare 5.1.25）

7. 正式的文章都有一个总结性的段落。在这个段落中，你要复述一下四个支持性观点，给读者一个终结性的陈述。

8. 你可以回顾课堂讨论的笔记或家庭作业，以支持你的分析，但你不可以使用网络上的信息。这篇文章是你自己的想法和思考，而不是别人的。使用网络上的东西将被认为是抄袭，而且不被接受。

9. 不要忘记：

①使用现在时态；

②避免使用缩写词；

③确保“这个”后面接着的是一个指代的名词；

④使用包含词汇表中更多单词的复杂的语句。

10. 一旦完成就通过网络提交，并为全班同学每人打印一份。

这既是写作要求，也是写作指导，更是写作的工具与脚手架，同时是作文评估的诊断标准。学生据此进行写作，既可以养成良好的写作习惯，也可以进行自我诊断与评估。

教学的过程是学生主动建构知识的过程，即学习的过程。学习是课堂的中心，学生是学习的主体。学生为未知而学，教师为学习而教。

重建实践性教学范式[①]

一切能力都是在活动中形成的，实践活动是能力形成的唯一通道。

学科核心素养是指具有学科特点的、适应学生终身发展和社会发展的必备品格、关键能力和价值观念，是知识、技能、价值观的综合体现，是对“三维目标”的深化与综合。学科核心素养进一步挖掘、提炼了学科思想和学科育人价值，并用可操作、可达成、可测量的方式表达出来，从学科教学走向学科教育，可以更好地发挥学科育人的作用。基于学科核心素养的教学，需要通过“情境代入—任务驱动—问题解决”的路径，进入深度学习的层次，构建实践性教学范式。

一、让深度学习真实地发生

基于学科核心素养的教与学，应该聚焦于能力的培养、思维的训练、价值观的形成。在这个过程中，知识是基础，但是学生获取知识的方式，比获取多少知识更为重要。

学习可以分解为若干个环节（层次）：学习新知——通过讲解和学

① 本文发表于《新课程评论》2019 年第 9 期。

习，领会新知；理解新知——通过变式练习等深层加工，巩固和加深理解新知；应用新知——通过应用与练习，学会保存、提取与运用新知；问题解决——运用所学新知去解决情境中的真实问题，形成能力与素养。

我们的教学一般到“应用新知”就结束了，即让学生通过应用与练习学会保存、提取与运用新知。而且，我们在这个环节中的应用一般是变式练习和应用，是书面问题的应用，是结构良好的、抽象过的学科问题的应用。从某个角度来说，这是一种虚假应用，是一种知识和学科技能练习而非能力训练，其教学目标并不是问题解决，仍然是巩固新知。用足球队打个比方，这仍然是一场训练，而不是一场比赛。

形成学科核心素养的关键在于学习过程中的“问题解决”环节。与“应用新知”环节中学生面对的问题不同，“问题解决”环节中的问题是真实的问题，真实问题的情境一般是不确定的，问题的呈现结构是不完整的。

一切能力都是在活动中形成的，实践活动是能力形成的唯一通道。即便是观念的建构，同样也需要实践路径。“思想、观念不可能以观念的形式从一个人传给另一个人。当一个人把观念告诉别人时，对听到的人来说，它不再是观念，而是另一个已知的事实。”[①] 人们只有在实践活动中才能产生观念、验证观念并坚守观念。

因而，“问题解决”环节的教学可采用任务式学习的方式来开展，即让学生在真实情境中运用所学知识解决实际问题，将知识活化成能力，沉淀为观念。

具体到操作层面，解决真实问题的第一步是建构问题，即将真实问题

① 杜威. 民主主义与教育 [M]. 王承绪，译. 北京：人民教育出版社，2001: 174-175.

转化、建构成学科问题。比如，在数学学科中，学生面对“学校推行选课走班制，如何排定课表？”这个真实问题时，需要进一步将其转化成数学问题，寻找问题隐含的各种限制性条件，并运用数学学科的方法来解决。又如，在物理学科中，学生面对“一只体重为 1 千克的鸟在高空中撞击了航速为 300 米 / 秒的飞机，撞击瞬间冲击力有多大？（或者干脆就是问一只鸟在高空中撞了飞机，瞬间冲击力有多大）”这个真实问题时，要用物理建模的思维，将真实问题建构成物理问题，估计鸟的身长及飞行速度，然后运用物理学科的方法求解。在解决问题的过程中，建构问题是重要的一环，也是我们日常教学过程中经常缺失的环节。

二、注重学科教学的实践性

所谓深度学习，就是让学生有机会运用所学知识，解决真实问题。这不仅能促进学生发现学习的意义，产生强烈的内在学习动机，更重要的是可以让学生在问题建构与问题解决的过程中，将知识活化成能力，进而训练思维，形成观念，并最终内化为自己的素养。学与做相结合，知与行相结合，这既是深度学习的要求，也是基于学科核心素养的教与学需要着力改进的地方。

我们用学语法的方式学习英语，学了十几年还是哑巴英语；用在黑板上做实验的方式学习物理，在家里却不会安装电灯泡；学习历史，了解上下五千年人类的历史，却不知道自己家族的过去，知道遥远国度的历史，却不知道自己家乡的历史变迁；学习地理，出门却分不清东南西北；从小学习爱祖国爱人民，却不知道爱父母和自珍自爱。这是行与知的分离，是“懂”与“会”的分野，是教育与生活的割裂。

“学生学习一些符号，但没有掌握了解它们意义的钥匙。他获得专门的知识，而没有追溯它和他所熟悉的事物和操作的联系的能力，他往往只是获得一些特别的词汇。”[①] 这样习得的知识是不真实的知识，这样获得的能力是虚假的能力，这样形成的道德，是“无意识的虚伪”（杜威）。从根本上说，这些问题的出现就是因为我们的教学尚未抵达实践的层面，没有进入深度学习的层次。

因而，我们需要重建教学范式，运用符合学科认知规律的方式进行学科教学，注重教与学的实践性，强调知识运用与实践经验的结合，让学生在解决真实问题的学习过程中习得活的知识与技能。

北京十一学校的一位教师曾在美国一所高中听了一堂政治课，课程名叫“当前社会重大议题”。当时正是2016年美国大选前一周，教师设计了一个活动，主题是“美国大选战略分析”——假设你是竞选团队的成员，你要怎么帮助你的候选人获胜？请拿出你的竞选方案。课堂上，教师给学生提供了一整套脚手架和工具。为了帮助学生，教师将竞选方案分成8个部分。

1. 导语。包括标题、封面设计、明确表态支持哪位候选人等。

2. 聚焦几个关键州，分析背景，制定制胜策略。

3. 登录老师提供的某个网站，比较研究希拉里和特朗普两人在重大问题上的观点，用自己的话概括并注明出处，不能复制粘贴。

4. 详细浏览希拉里和特朗普两人的竞选官网，比较各种信息，看他们如何使用不同的媒介，对比两人的风格和竞选内容。

5. 为支持的候选人制作竞选广告，由老师提供表格和讲义。

6. 浏览专业的竞选资金网站，分析资金渠道、筹集方式及对应的选民

① 杜威. 民主主义与教育 [M]. 王承绪，译. 北京：人民教育出版社，2001: 237.

信息，要求画图说明。

7. 提出选举策略。

策略一：将投票人分类，例如女性、拉丁裔、年轻人、退伍军人、茶党、老人、工商巨子、宗教保守派、环保分子等，分别针对以上群体，给竞选人写出竞选策略备忘录，以帮助竞选人赢得以上群体的支持。这个备忘录应该包括：与上述选民利益相关的议题是什么，如何阐述自己的立场并迎合他们。

策略二：为你的候选人选出副总统作为搭档。该副总统必须是总统的有益补充，并能为总统吸引更多的选票。阅读两篇老师推荐的文章，按照以上思路写出你选择副总统的理由。

8. 个人总结。包含两方面内容，其一为大选优劣势分析，其二为大选能否推动民主的发展。[①]

这样的学习通过设计真实的任务，将知识和技能落实在真实问题之中。同时，通过问题设置，将学生带入真实的问题情境中，有助于启动学生的自我系统，提升学生的学习动机和兴趣，提升学习的意义感。学生通过合作学习，调动学科知识与技能，解决真实情境中的问题。这是深度学习，有利于培养学生发现问题、分析问题和解决问题的关键能力。

三、如何重建实践性教学范式

实践性教学范式并非新事物，教育先贤对此早有论述。杜威强调学

① 魏勇. 一位中国特级教师美国课堂观察记：尖子生怎么上课 [EB/OL]. http://www.sohu.com/a/119290162_484992，2016-11-18.

科与学生生活经验的结合。陶行知先生强调教、学、做合一。苏霍姆林斯基提出“实际作业”的概念。他说，怎样把学生从事实引导到抽象真理？“一定要经过实际作业，而完成实际作业就正是掌握知识。”[①] 他这里所说的“实际作业”，就是让学生将所学知识由识记的层次进入深刻理解的层次，进而灵活运用，解决实际问题。这也与布卢姆的认知目标分类体系的理念相通。“实际作业”通过作业的作品化（产品化），实现知识的内化与外化。内化是对知识的深入理解；外化是学生在完成实际作业或作品的过程中，将知识转化为能力，逐步形成素养。

北京十一学校提出了“作业作品化，创意产品化”的教学思路。譬如，对语文或英语学科而言，其作品化的作业既可以是一场演讲、辩论或戏剧表演，也可以是学生创作的一首诗歌、一篇散文、一部小说等文学作品。如此，学科核心素养要求的“语言建构能力”就不只是“教”出来的，而是“做”出来的。

数学学科的实际作业可以是通过编程和建模，结合数学思维来解决学校的课表排定、列车编次排定、航班班次排定等现实生活中的真实问题。

科学类学科的实际作业可以是通过实验探究和科学推理等方式，进行具体的项目研究。北京十一学校开设了高端项目研究课程，在 2016 年“东润丘成桐科学奖”总决赛中，四个学生团队分别获得化学奖金奖、物理奖铜奖、化学奖优胜奖和生物奖优胜奖，其项目分别是：“力诱导荧光变色和聚集诱导发光多功能分子的设计、合成和性质研究”“城市噪音对喜鹊和灰喜鹊鸣叫结构的影响”等。当前被广泛热议的 STEAM 课程更是强调研究的问题源自现实世界，研究的成果被应用于现实世界。

---

① 苏霍姆林斯基. 给教师的建议 [M]. 杜殿坤，编译. 北京：教育科学出版社，1984: 28.

人文社会科学类学科的实际作业可以是各种研究报告，比如，马鞍山市第二中学的学生曾对所在城市的盲道进行研究，形成研究报告，并将研究成果转交政府相关部门，作为市政建设的参考。

实际作业是学生知识、能力与素养的外显、活化与凝结，真正让学生完成从解题到解决问题、从做题到做事的转变，它也是我们从学科课堂教学层面推进实践性教学范式的重要载体与实现方式。

那么，学校该如何推进实践性教学范式重建，让教学设计能够往前走一步，从书面的知识、技能走向真实问题的解决，引导学生进入深度学习的层次？

首先，通过统整性的综合性课程来实现重建。青岛中学以学科大概念和学科素养来重整课程。例如，初中科学课程以科学素养作为课程目标，以“物质、运动、变化与稳定、结构与功能、能量、相互作用、系统”等科学领域中的大概念，重构科学课程的逻辑框架。每个单元都设计了真实的项目研究，通过应用性研究，将科学知识与技能活化为学生的科学能力与素养。

其次，通过探究式的教学方式来实现重建。这要求我们结合实际情况，设计出具有挑战性的解决真实问题的学习任务。这样的学习任务必须具备以下几个特点。一是具有挑战性。学习内容的难度必须稍高于普通水平，同时最低水平的学生也能参与学习。学生持久学习的内动力一定是基于学习任务本身的挑战性、价值感和意义。具有挑战性的学习任务能够激发学生的认知投入，启动学生的自我系统。二是具有包容性。好的学习任务一定要有张力，学生在解决问题的过程中，培养应用、分析、综合和创造的高阶认知，培养具有迁移性的能力和素养。三是具有综合性。好的学习任务一定是基于多学科的，需要学生调动多学科知识与技能来解决问题。

再次，借助综合实践和社团活动平台来实现重建。例如，组织模拟联合国、校园法庭、数学建模队、文学社、机器人兴趣小组等学生社团，让学生在综合社会实践和社团活动中，将学科知识从课堂延伸到课外，从书本延伸到真实世界，进入问题解决的深度学习阶段。

最后，通过特定的机制和制度力量来实现重建。比如，通过学分制和选修制来推动。北京十一学校开设了高端研究课程，用学分制的方式，引领学生在学有余力的情况下选修这些研究性课程。学生在教师的指导下，开展对真实问题的研究。日本通过升学机制来推动，学生的研究成果可以作为升入高校的重要条件。这些做法，都是以机制的力量来推动实践性教学的开展。

表现性任务是逆向教学设计的硬核

> 不闻不若闻之，闻之不若见之，见之不若知之，知之不若行之。学至于行之而止矣。
>
> ——荀子

逆向教学设计是教学设计的新理念，已成为当下教学改革的指引。做好逆向教学设计，关键是要设计好三个环节：学习性目标、表现性任务、一致性评估。其中最硬核的部分，是根据学习目标来设计表现性任务。

一、从有意思到有意义

激发学生学习内动力的学习任务主要有三个特点：一是有意思，学生觉得好玩，有兴趣；二是有挑战，能够激发学生的潜能，让学生有胜任感，觉得自己通过努力能够完成任务；三是有意义，学生觉得学习的内容有价值，且与真实世界或自身生活经验相关联，并从中发现了学习任务的长期目标，找到学习的意义与价值感，从而愿意为之付出努力。

因此，好的表现性任务，首先要让学生喜欢，能够吸引学生。其次，能够激发学生的潜能，让学生有跃跃欲试的冲动和成功后的成就体验。最后，要让学生觉得有价值，有意义。既要有意思，又要有意义，这是对表现性任务设计的双重挑战。

在青岛中学的课程博物馆里，展示着青岛中学上摄影表达课的学生的作品和课程现场的照片。学生在课上，利用一些现成的材料、服装、配饰模仿世界名画中的人物，然后进行创意摄影。青岛新闻网的记者撰写了一篇报道《真像！青岛中学学生模仿世界名画　拍大片惟妙惟肖》。摄影表达课的任课老师于海向采访的记者介绍，“模仿世界名画其实是我们这门课的一个环节。孩子们从观察名画、模仿名画的过程中学会了布景、布光、影棚拍摄等摄影中的众多环节。”

“孩子们充分调动自己的聪明才智，用一些布头、方便口袋等现场就有的物件，来尽可能模仿还原世界名画中的细节，再拍摄成影棚大片……最开始都是我给他们选画，让他们来模仿，等到最后，我们这堂课的 12 名学生想到模仿《最后的晚餐》。因为算上我正好有 13 个人，所以大家一气呵成地完成了《最后的晚餐》的模仿拍摄。”[①] 于海老师介绍。

这门课不仅是摄影课，也是绘画理解与表达课，是一门技术与艺术相结合的课程。在青岛中学，基于艺术的技术课程以及基于技术的艺术课程多达 30 门。

这是一门用摄影去表达对绘画的深度理解的课程。再比如，有一位艺术教师让学生画重量、虚无的空间、音乐的旋律，其实是让学生用视觉艺术来表达对音乐、空间及身体感知的理解。不仅有意思，而且有意义。

好的表现性任务一定要有张力。也就是说，它可以挑战不同水平学生的不同潜力，而不是让有的学生觉得太难，让有的学生觉得太容易。它可以让不同水平的学生都觉得能够容易上手，同时又能够发挥自己的所有潜力，挑战自己的水平。这样有张力的任务才是好的表现性任务。

---

① 宋波鸿. 真像！青岛中学学生模仿世界名画 拍大片惟妙惟肖 [EB/OL].（2019-12-04）http://news.qingdaonews.com/qingdao/2019-12/04/content_20954538.htm.

比如，青岛中学小学五年级“我能活到 100 岁吗”这个主题学习的核心任务是，写一篇虚拟自传：“假设你现在是 80 岁，请回顾你的一生。”我看到其中一个班级学生的作业，有的几乎是一本小说了。老师起初提的要求是一千字左右，结果一个班 15 个孩子，每个人都写了七八千字。有个学生的自传，写得既天马行空，又妙趣横生，难以想象这是小学五年级学生写的。这样的表现性任务，让每个人都可以上手，又能激发他们的巨大潜能。

再比如，在青岛中学初中科学课的“生物演化”单元中，表现性任务是让学生以小组合作的方式设计一种“超物种”：“在现有物种的范围内，设计一种超物种，并找到它在进化之树中的位置和栖息地，同时根据这个物种的运动能力和适应能力进行量级评定；该物种的生物特征必须完全符合生物功能、结构和环境适应性等原理，既要设计合理，又要新颖、独特；最后，绘制该物种的化石，让一亿年之后的人能够根据这个化石，推断出它的生物学特征。”

在设计过程中，学生必须综合运用生物、地理、物理等多学科知识，才能完成这个表现性任务。这个表现性任务不仅让学生觉得有意思，也极大地激发了学生的潜能，让学生觉得有意义。

二、从解题到解决问题

表现性任务要与真实情境相联系，这个真实情境既可以是模拟的真实情境，也可以是复制的真实情境。这么做的目的是让学生在不良结构的情境中运用所学知识和技能来解决问题，从而形成可迁移的能力与素养。在真实情境中，学生遇到的问题一般是结构不良的，具有真实的约束条件，不可预测，充满挑战，并且没有统一的“正确”答案。

当然，所谓的“真实”情境，在人文学科中，可以是创设的模拟情境。

北京十一学校语文教师在《史记》单元的学习中，设计了“我来任命‘史上最佳君臣组合’”的表现性任务。这个核心任务包括三个子任务：一，撰写《史记》中历史人物性格品质鉴定书——《×××同学曰》；二，配置最佳君臣组合；三，撰写《“史上最佳君臣组合”任命状》。学生通过完成这一系列任务来完成这一单元的学习和评估。这是一种虚拟的真实情境。

再比如，北京十一学校语文教师设计的写作曹操祭文的表现性任务：“曹操乃东汉末年杰出的政治家、军事家、文学家。公元220年3月15日，曹操走完了他辉煌的一生，留下无穷的话题任后人评说。请阅读完《三国志·魏书·武帝纪》以及曹操的代表诗文，并结合当代人张作耀的《曹操传》，深入了解曹操，在其祭日来临之际为其写作一篇祭文（悼词）。”

这样的表现性任务，不再仅仅要求学生“记忆、理解和领会”，而要求学生进入“分析、综合、评价和创造”的高阶认知过程。教师从高位切入，通过对核心任务的设计，将学生引领到问题解决的高度；而学生要解决问题，必须要运用所学的知识和技能，这样就将离散的知识和技能集成起来，并在问题解决的过程中赋予知识和技能的学习以意义和价值，实现从解题到解决问题、从做题到做事的转变。

三、从输入性学习到输出性学习

从某种意义上说，学习可以分成两种形式，一种是输入性学习，一种是输出性学习。倾听、观看、阅读等，基本上是输入性学习。学生将新的信息通过感官输入，进入大脑的短期记忆，其中有些内容与大脑中的已有知识相关联，而被编码进入长期记忆。

输出性学习是指学生通过讲、练、做等方式，将所学的基本知识和技能加以综合、分析和创造，并在新的情境中进行应用。表现性任务就是让学生在应用和创造中学习，在学习中巩固和“活化”基础知识和技能，并在问题解决和实践应用中培养可迁移的能力。

北京十一学校的教师在“汉字的魅力”单元学习中，设计了“造字”的表现性任务。“单元目标：了解汉字的造字法：象形、指示、会意、形声、假借、转注。核心任务：艺术家徐冰的作品《析世鉴——天书》，在世界范围内产生了影响。它里面的每一个字，用的都是汉字的笔画，但实际上都是不存在的汉字。请你自己造一个字，并说明你用的造字方法。”这样的学习就是输出性学习，是领会后的应用，是理解后的创造，是内化后的外化。

学习就是知识的内化和外化的过程。输入性学习是内化的过程，输出性学习是外化的过程。知识的内化是对知识的深入理解，知识的外化是通过完成实际作业和作品，将知识转化为能力，并逐步形成素养的过程。表现性任务就是通过学习结果的作品化，来加深学生对知识的理解，并让其在知识的应用中，实现知识的内化与外化。

青岛中学和青岛实验学校的小学主题融合课程也是如此。每一个主题学习结束后，学生要完成相应的任务和作品，并进行课程作品展示。青岛中学还尝试举办“青博会”，将学生的学习产品进行展示和交易。

这样的学习作品和产品，是学生知识、能力与素养的外显、活化与凝结。这样的学习是输出性的学习。从某种意义上说，输出性学习是指向高阶认知的深度学习，是指向能力和素养目标、有着具体产品或表现的实践性学习。一切能力的形成，必须通过实践这个唯一的管道和路径。

荀子早就说过这个道理："不闻不若闻之，闻之不若见之，见之不若知之，知之不若行之。学至于行之而止矣。"

西方有句谚语，意思和荀子的话很接近："I hear and I forgot; I see and I remember; I do and I understand; I discover and I apply."。

记得（识记）不代表懂得（理解），懂不代表会，知与行的距离是最遥远的距离。所以，输入固然是一种学习方式，输出更是一种有效的学习方式。听、看、读只是感官信息的输入。当学生将已输入的信息经过加工，重新表达出来、做出来，甚至再教给别的人时，他习得的就不再是随时可能忘却的信息，而是理解了的知识，甚至是一种可迁移的能力，这样的学习才是深度学习，这也是表现性任务的价值所在。

四、从表现性任务到表现性评估

表现性任务不仅是学习的载体，也可以作为评估的手段，即表现性评估。

表现性评估是指在真实的学科任务，或者与现实世界相关的工作任务中，进行思考和创作，以有形的作品或表现来证明学习结果的评估形式。

表现性评估本质上是与传统的纸笔测试相异的实践性评估。与传统的纸笔测试相比，表现性评估既重结果，也重过程；既评价知识和技能，也评价行为和素养。就像学习驾驶，学习者不仅要进行书面考试，更重要的是参加路考，只有通过实际操作才能证明学习结果，交警部门不可能仅凭书面考试成绩就给学习者颁发驾照。

学生的学习目标一般可以分为三种：知识和技能，理解，可迁移的能力。知识和技能目标可以通过传统的评估方式来评价，而理解和可迁移的能力目标，必须通过表现性评估来进行评价。表现性评估就是通过表现性任务来完成的。

纸笔测试只能评估学科知识和技能，不能有效评估出能力和素养。比如，创造性和创新能力、批判性思维和问题解决能力、合作能力、交流能力，这些均处于学生能力和素养的金字塔顶端，很难在传统的纸笔测试中体现和评估出来。只有让学生在真实的问题情境中，解决真实的问题，完成表现性任务，才有可能评估出他的能力和素养。根据目标和评估的一致性原则，既然我们重视能力与素养目标，我们就要评估能力与素养。

所以，表现性任务是教学设计的重中之重。好的表现性任务承担着双重作用，一方面要内置学习目标，任务的展开与完成的过程，就是实现学习目标的过程。一个好的表现性任务，一定要承载学习目标，从目标出发，这是设计表现性任务的基点。如果表现性任务没有锚住学习目标，教学就容易陷入活动主义的误区，矮化或泛化为一般性的学习活动，甚而有可能是为活动而活动，为表现而表现。

另一方面，表现性任务也为学生是否完成目标提供评估证据，其本身也是评估的方式。如此，将学习目标、任务、评估连接在一起，让这三者保持一致性，是教学设计的基本准则。

作为评估的手段，表现性任务要避免虚假学习。也就是说，如果学生并不需要综合应用本单元所学的知识与技能，照样能够完成这个任务，那么这个学习任务的评估效度就存在问题了，也就是学习任务与学习目标、学习的评估脱节了。没有能够评估预期想要评估的东西，也就没有实现目标、任务和评估的一致性。

培养未来美好世界的设计者

我们要改变和设计未来的世界，而不是被动地接受未来的世界。

去努埃瓦学校参访之前，我抱着很强烈的好奇心：这是一所什么样的学校？为何及如何将设计思维引入学校课程和教学之中？

旧金山的天气不错，春日的阳光正好，我们沿着海边驱车而行，来到大湾区的学校。这是一所久负盛名的 K12 学校，长期致力于资优学生的培养。我们参访的是高中学部。

学校的课程特色是基于设计思维的创新实验课程。学校将设计思维引入课程中，以整合科学、艺术、技术、工程，甚至人文、社会学科的内容，实现了多学科、跨学科的整合。与之相适应的创新实验教室，也是按照这样的理念，由设计、编程、加工制作等空间组合而成。

最先将设计思维引入教育领域的是美国斯坦福大学。斯坦福大学在十几年前成立了设计学院，将这一思想付诸教育实践。此后，辐射到旧金山大湾区的一些中小学，部分学校以设计思维统整 PBL、STEAM 等项目学习，以培养学生解决问题的系统思维、创新能力和实践能力。

第一，设计思维是基于人的需求，以人为中心。它要求设计者换位思考，了解、挖掘使用者的需求，甚至开发使用者的需求，然后为使用者量身定制物品，以满足其需求。在这个过程中，一定要有使用者的参与。比如，学校空间建设或环境建设，应该征询学生的意见，因为学校是学生学习的地方，学生是学习空间的使用者，学生的需要就是我们努力的方向。但是我们在建设学校时，有多少建设者曾经征询过学生的意见？

我们总是想当然地为学生设计，其实学生是被设计。我们是基于设计者设计，而不是基于学习者设计。所以，设计思维要求我们有同理心和换位思考能力，以人的需求为中心。

第二，设计思维是一种创新思维。它是一种方法论，为未来寻求改进结果的问题或事件提供实用和富有创造性的解决方案。因此，它是一种以解决方案为基础的，或者说以解决方案为导向的思维形式。它不是从某个问题入手，而是从目标或者是要达成的成果入手，然后，通过对当前和未来的关注，探索问题中的各项参数变量及解决方案。

这与科研的方式有所不同。科研的方式是先确定问题以及问题的所有变量，再来确定解决方案。而设计思维正好相反，先设定一个解决方案，然后确认能够使目标达成的足够多的因素，使通往目标的路径得到优化。因此，解决方案实际上是解决问题的起点。

这有点儿类似于创新。我以前参加过一个以色列的创新培训，有很多启发。创新的前提是建立理想的模型，然后想办法实现它。它是一种逆向设计，是从理想模型开始，而不是从现有问题开始。正如当年福特所说："如果我问人们需要什么，他们可能会说，需要一匹更快的马。"要是那样的话，就不会有汽车的发明了。

所以，设计思维需要创新，有创意。创新能力、好奇心、同理心是人类独有的，永远不会被机器代替。

第三，设计思维应该是个性化的。你了解了用户的最终需求后会发现，平均值没有任何意义，设计不是为平均值服务的，而应该量身定制，任何平凡的设计都可能会失败。

第四，设计思维是系统化思维，必须考虑多种情况，并在多种情况中选择一种设计方案。设计思维是从理念到概念、从概念到产品、从抽象到具体的过程，有利于培养学生的综合素养、创新能力和实践能力。这也让人容易理解为什么 IB 课程非常重视用设计去实现跨学科的综合学习。

参观完学校之后，我们来到斯坦福大学接受培训并参访了设计学院。斯坦福大学的研究者将设计思维解构为 5 个要素：共情（empathize）、定义问题（define）、头脑风暴（ideate）、原型制作（prototype）和测试（test）。很多研究者习惯于将一些抽象的东西解构成非常具体的、可操作的步骤，并提供相应的操作性工具和脚手架。比如，以色列的研究者将创新解构为 7 个步骤和加减乘除 4 个法则。这非常值得我们学习和借鉴。在培训课上，我们进行了体验式的学习，每人现场为同伴设计制作一个理想的钱包。通过 5 个步骤的体验式学习，我们进一步理解和掌握了设计思维的方法。

其实，设计思维不仅可以被引入课程和教学中，也可以被引入学校管理中。在管理中，我们要了解师生的真正需求，倾听他们的声音，让师生共同参与学校的管理；理解问题产生的背景，并理性地分析和找出最合适的解决方案。比如，斯坦福大学有一块特别漂亮的大草坪，可是学生抱怨大草坪上没有无线网络，校方就在大草坪的中央设计了一个休息区，装上无线网，结果这里成为学校网速最快的地方之一。

最后，我们聆听了设计技术高中（Design Tech High School）联合创办人和执行董事凯恩的介绍。这所学校是著名软件公司甲骨文公司创办的。学校将设计思维引入教学，在高中 4 年中，每学期有两周时间，4 年共 8 周时间用于安排设计课程。设计思维课程培养和释放了学生的创意和潜力。

凯恩说，设计思维要传达这样一种理念：我们要改变和设计未来的世界，而不是被动地接受未来的世界。未来的世界是不确定的，我们唯一能够教给学生的是思维方式和信念。我们要让他们相信，未来会更好，并帮助他们以积极的、正面的态度，做未来美好世界的设计者。

TOK告诉我们什么

我们的学生学习的可能只是知识，而更有价值的是知识的本质、知识的发展过程，以及对知识的看法。

2017 年 5 月，我到美国参观学习，在波士顿的一所学校听了一节十一年级的 IB 课。听完这节课，我居然不明白这是一节什么课。课程结束以后，我问授课老师，他告诉我，这是 TOK。

什么是 TOK 呢？ 就是 Theory of Knowledge，翻译过来就是知识论，也有人翻译成认知论或者认识论。这位老师找了一本教材给我看。我看了教材的目录以后，非常惊讶：美国的中学居然还有这样一门课程。教材的目录显示本书包括直觉、记忆、推理、感知、语言、想象、情感、数学、艺术、历史、伦理、人文科学、自然科学、宗教、本土知识等内容。

他进一步解释，这是一门关于认知方法和知识领域的课程，既是 IB 核心课程，也是综合课程。

一、高中课程可以达到什么样的高度

回国以后，我在网上买了一本牛津大学 2013 年出版的 IB 英文原版教材 *Theory of Knowledge*。

看了这本教材后，我特别心动，觉得这门课非常特别。好在哪儿呢？

好在它包罗万象，视野极其开阔。它不是教学生学科知识，而是引导学生探究人的认知方式，探寻知识的本质，进而反观和俯瞰知识领域：人是如何认知世界的，知识的本质是什么。

我在知网上搜了一下，知网上基本没有关于知识论的研究论文（除了若干介绍 TOK 的文章）；又在亚马逊网站上搜了一下，基本上也没有这方面的书籍，更没有专门写给中学生的此类书籍。国内对此领域的研究基本上是个空白。

倒是金岳霖先生早年写过一本《知识论》，这是一本几十万字的哲学著作，也是金先生的代表作之一。这本书是 20 世纪 40 年代出版的，可这已经是 80 多年前的事情了。

我们以往的印象是，西方国家的基础教育不如中国，课程内容简单，没有难度和深度。看了这本教材以后，我特别震惊，它颠覆了我的惯常思维。

美国这所学校的高中生在干什么，在学什么？我们的高中生在干什么，在学什么？原来他们有一门课程专门研究认知方式，研究知识的本质（当然，在美国并不是所有学生都学这门课，只有 IB 学校开设此课）。

和 TOK 相比，也许我们的课程内容更加有难度，但是宽度和高度不够，学生的学习和认知处于相对较低的层次，或者说处于知识的较低级层面。

我们更加注重对基础知识和技能的理解与掌握，而 TOK 更加注重反思、综合、创造和评价，综合性更强。它引导学生探究知识的本质，研究认知的方法，站在知识论的高度来看待高中所学的学科知识，讨论这些学科知识本质上是怎么一回事，并且特别注重培养学生的批判性思维。

相比之下，我们说中国的中学生学得深，学得难，其实可能是一种误解。我们的学生学习的可能只是知识，而更有价值的是知识的本质、知识的发展过程，以及对知识的看法。和知识相比，思维显然要高一个层次，也更加重要。所以，也许我们的学生学到了知识，却缺乏思想。

当美国 IB 课程的高中生在学习 TOK，探讨知识的本质和认知方式；当法国的高中生在学习哲学和伦理；当美国的精英高中开设 20 多门大学先修课程（AP）供学生修习；当日本的高中生在做真实的研究时…… 我们的高中生在学习什么？在怎样学习？我们的高中生可能在背诵、理解、记忆和做题，用将近一年的时间复习和反复刷题。这种对比不由得令人心生焦虑与不安。

二、给学生一个批判性思维的视角

我读完这本教材后，觉得它有几个显著特点。

第一个特点是它特别注重对批判性思维的培养，这可能是它最大的特点。

比如，书中提出了视角的概念，试图让学生明白，不同的人看问题的视角不同。教材的开篇就设计了这样一个活动：让学生根据自己头脑中的印象来画世界地图。结果发现，在不同国家出生的学生画的地图非常不同。每个国家的学生都会把自己的国家画得更详细一点儿、更准确一些。非洲学生就把非洲画得很准确，美洲学生就把美洲画得很细致。

大家还发现，欧洲人会把欧洲画得比较大，而把非洲画得比较小。其实，非洲大陆面积相当大，比欧洲要大很多。印度和巴基斯坦的学生画的地图也不一样，他们对于克什米尔分界线有不同的认识。

不同国家的学生，对于世界的中心有不同的认知。有的把太平洋放在中间，有的把大西洋放在中间，也就是说有的把欧洲放在中心，有的把亚洲放在中心。

大多数学生将北半球画在上方，上北下南；而新西兰的学生则将南半球画在上方，上南下北。教师让学生一起讨论为什么会出现这种情况。新西兰的学生说，他们的国家是由两个岛组成的。据传说，他们的祖先在独木舟上钓了一条大鱼。地图中的两个岛，一个是独木舟，另一个是一条鱼。新西兰的地图必须是上南下北，才符合传说中独木舟和鱼的形状。

因此，培养学生的多元视角和多元文化理解能力非常重要。不同文化、不同民族、不同国家的人对这个世界的认知是不一样的。视角不同，看法不同，没有绝对对错之分。不能说别人的就是错误的，自己的就是正确的。

视角成为贯穿这本书的核心概念。这本书通过剖析与反思，培养学生的多元文化视角，本质上也是批判性思维的训练。

这本书还专门讨论了人的认知方式：如何认知世界？这也是批判性思维的培养。书中讨论了 8 种认知方式，通过分析，让学生认识到，人的每一种认知方式都是有缺陷的。

比如，归纳推理不是百分之百准确，也可能会有黑天鹅事件。譬如，明天太阳会照常升起，这个判断是我们基于过去情况的归纳，但是明天太阳真的会升起吗？这种归纳一定是准确的吗？

另外，这本书还带领学生分析直觉、想象、感知、情绪、语言等认知方式对人的认知的影响和作用，分析这些认知方式的优点和局限。还特别讨论了逻辑中的十几种谬误，揭示人们在认知过程中的常见偏差。

它对批判性思维的培养还体现在对知识领域的研究中。比如，书中列举了很多科学史上的例子，让学生探讨科学在多大程度上是对世界的正确描述与假设，进而讨论科学的价值与限度。

比如，历史是关于过去的真实的记忆吗？为什么殖民主义的记载和本土的历史记载之间有很大差异？为什么不同国家关于同一场战争的记载并不相同？它让学生去辨析这些异同，增加思维深度。

比如，伦理的标准是什么？是从后果出发，还是从目的出发？是从当事人出发，还是从对其他人的影响出发？

比如，艺术的审美标准到底是什么？是从作者的角度，还是从读者的角度，抑或从主题的角度去看待艺术？

书中引入了很多真实的生活情境，让学生去讨论、反思和辨析，在辨析中澄清各自的观点，培养批判性思维，以及看待知识与世界的多元视角与方法。

三、一本 40 多万字的教材是什么样子

这本教材的第二个特点体现在它的编排方式上。我们先看看这本中学教材是怎么编写的。

这本书有 40 多万字，非常厚重，大约相当于 5 本以上中国普通高中教材的容量。10 多年前我第一次去美国中学访问时，就惊讶于他们教材之厚重，远远超过我们使用的教材。

这本书的容量很大，内容非常丰富，并且图文并茂。它是三个大学教授合作写的，但是文风比较统一。从写作风格上来看，它不仅是一本教材，更是一本学材，是供学生学习使用的。它不仅从教出发，更是从学出发。它以学生为阅读对象，尽可能多地提供各种阅读资料。

我们的教材很薄，教参却很厚。我们希望把很多东西留给教师，以保持教师的知识权威。所以，我们的教参是厚厚的一本，而学生拿到的教材却是薄薄的一本小册子。

在美国，情况正好相反。学生拿到的这本教材非常厚重，大开本，400 多页。作者把能想到的东西都写了出来，让学生自己去阅读。正文部

分的论述很详细；有很多活动设计，供学生讨论或实践；还附有反思性问题、名人名言、访谈、引文摘录、插图等。每章都有一个总结。另外，还有关于批判性思维的专门章节。

读这本教材，你会感觉它真的是为学生准备的一个学习资源库，学生根据这些学习资源，完全可以自主学习。

当然，学生不一定要全部学完。教师在教学中可以有自己的教学安排。教师可以选教、学生可以选学其中几个部分的内容。TOK 考试也是有选择性的，给学生提供学习的弹性，以满足不同学习路径学生的不同需求，也为教师留出了教学的空间和弹性。

我们的中小学教材严谨有余，亲切不足，缺乏温度，学生不喜欢看，往往敬而远之。而这本教材形式多样，引人入胜，轻松活泼，让人愿意去读，有欲罢不能的感觉。

它从一开始就告诉学生，学习本书的过程是一个探险的旅程。我自己读它时就有一种知识探险的感觉，它不断吸引着我往前走，往前看，我总想看看到底后面会写什么。一本教材能写得这样吸引人，真是了不起！我读它时，常有强烈的阅读冲动，读后又受益匪浅，对后面新的内容充满期待。

我们的教材如何让学生更喜欢，如何从学生的视角去编写，这是需要解决的问题。现行的中小学教材和教参中也有很多活动设计，但是有些显得单调、表面化、平面化、形式化，缺乏深度和高度，也缺乏吸引力。

这本书中的很多活动设计，既新颖活泼，容易吸引学生参与；又富有挑战性，能引发学生的深度学习。核心问题的提出和核心任务的设计，既是我们在教学过程中要重点解决的问题，也是我们的不足和差距所在。

四、如何以评估方式带动学习方式的转变

这本教材的第三个特点，体现在课程考核与评估上。课程评估是与学习目标紧密相连的，评估不是对学习内容的检测，而是对学习目标的检测。

这本教材对学习目标的要求非常明确而清晰。它开宗明义地告诉学生，此课程的目标是培养学生的批判性思维，引导学生探究知识的核心问题。

书中专门有一章讨论课程评估。学生学完这门课程后要完成两个任务，分别作为内部评价和外部评价的依据。内部评价是做一个 10 分钟的课堂展示，外部评价是写一篇 1600 字的论文。

这就是 TOK 的考试要求。学生不需要机械背诵和记忆，但是需要认真学习和思考。要高质量地完成这两个任务并不容易，学生需要足够多的知识储备和相当强的思维能力。

10 分钟的课堂展示，也就是主题演讲（可以单独完成，也可以小组合作完成），学生可以准备一年的时间。每个学生可以有一次以上的课堂展示机会，由任课老师评分。评分结果大概占总成绩的三分之一，这是一个内部评价。

学生还必须从 IB 每年提供的六个题目中选择一个主题（比如，“人们产生知识的方式只有两种：被动地观察或主动地实验”。你是如何看待这个观点的？），完成一篇 1600 字的书面论文。论文将被发给 IB 指定的校外评分者，其成绩大约占总成绩的三分之二，这是一个外部评价。

这本教材提供了相当充分的工具和脚手架，为学生完成这两项评估任务提供支撑和帮助。第一，让学生知晓，学完本课程需要完成什么任务，这也就是学习目标和评估要求。第二，详细指导学生如何准备这两项任务，教材用专门的一章近两万字的篇幅，来讨论这个问题。关于课堂展

示，书中先提出量规，让学生知道好的课堂展示是什么样的，教师如何评分。然后，提出具体的 8 个步骤，进行详细指导，并列举很多实例，提供可操作性的办法。1600 字的论文也是这样，提出量规和 6 个步骤，给学生足够的评估支持。

这样的评估方式，真正引导学生走向深度学习。它不是让学生去背诵什么，记忆什么，或者做什么题，而是让学生将所学知识应用于真实生活情境中的真实问题。课堂展示要求学生从现实情境中的某个问题着手，从中引出相应的知识问题，之后进行分析，得出结论。论文正好相反，它要求学生从某个抽象的知识问题着手，结合现实情境中的问题进行探讨。二者形成有益的补充。

这样的评估方式也带动了学生学习方式的变革。这样的课堂肯定不会采用教师讲授、学生记忆这样的方式，如果是这样的话，学生也难以通过考试。

学生如果想要高质量地通过评估，完成这两项表现性任务，平时就要进行训练：多读书，多反思，多关注现实问题，从现实问题入手，结合案例进行体验、讨论、阅读、批判、质疑和反思。平时多做这样的训练，才可能在最后的评估任务中，获得好的成绩。这就自然带动了学习方式的转变——从被动接受到主动探究，从教到学。

五、结语

我们需要反思，我们的课程差距究竟在哪里？我们从中能够学到什么？我们应该做出什么样的改变？面对未来的新时代，我们需要培养人的哪些核心素养？如何培养人的核心素养？ TOK 给我们提供了一个非常重要的参照。

我们能从电子游戏中学到什么

反馈不是给学生一个成功或失败的证据，而是给予改进的机会。

2019 年 11 月 10 日，星期日。晚上，很多年轻人在等待“双 11”的到来，等待一场购物的狂欢；还有很多年轻人也在等待，等待 2019 英雄联盟全球总决赛。这是总奖金超过百万美金的职业电子竞技赛事的年终对决。在这个充满购物欲望的夜晚，只有这个比赛可以和“双 11”争夺年轻人的注意力。

电子游戏的魅力何在？为什么它能让人如此着迷？为什么它容易让玩家欲罢不能，即使一而再、再而三地失败，仍然坚持不懈，屡战屡败，屡败屡战，乐此不疲？

为什么青少年在学校的课堂中缺乏这种投入、专注和坚持？我们从电子游戏中可以学到什么？

其实，电子游戏模拟了大脑的有效学习。人的大脑是很吝啬的懒汉，它要尽可能地保存自己的能量，所以一般不愿意做无用功，对于无意义的、不能胜任的事，不会投入专注力。同时，人的大脑喜欢奖励性反应，每次它的努力取得进展，就会分泌多巴胺，这是一种让人产生愉悦感的快乐剂。大脑会为了追求分泌更多的多巴胺而努力工作。

电子游戏很好地利用了大脑的这些特性。它可以成功地激发吝啬的大脑持续地努力，即使是那些经历过失败的人，也不会轻易放弃。所以，无论是高手还是菜鸟，电子游戏玩家都很少因为失败而轻易逃避和放弃。

杰伊·麦克泰格和朱迪·威利斯在《升级你的教学》一书中，从神经科学的角度，讨论了追求理解的教学设计。他们提出，电子游戏至少在以下四个方面，可以为我们制定有效的教学策略提供指导：①设定令人向往的目标；②提供可实现的挑战；③提供有具体反馈的持续评估；④认可通往最终目标的进展和成就。[①]

一、令人向往的目标

无论是拯救地球免于毁灭性的小行星撞击，还是“屠龙”、寻宝，电子游戏玩家都知道游戏的终极目标。玩家参与游戏是因为他们喜欢迎接挑战，或者因为朋友或其他玩家认为这很酷。他们相信游戏的目标，哪怕它只是想象中的虚拟目标。

同样，在课堂上，我们需要在新单元开始时就明确目标是什么，以及为了实现目标需要做些什么。大脑的自我保护程序意味着，当它意识到努力将有助于达到预期目标时，它最有可能运用自己的资源。因此，当学生清楚了解学习目标、学习成果的证据，并能理解特定目标与他们的关联时，他们更有可能参与其中并付出努力。换句话说，认同目标是所有学习的关键组成部分，它可以激发大脑集中注意力，调用其能量和资源，并在遇到挑战时坚持下去。就像那些激发狂热电子游戏玩家的目标一样，教学目标需要清晰，并且与学生息息相关，这样才能让学生有目标认同感。

① Jay McTighe, Judy Willis. Upgrade Your Teaching: Understanding by Design Meets Neuroscience [M]. State of Washington: ASCD, 2019: 16－18.

在青岛中学的小学融合课程中，每个话题开启时，教师和学生共同明确学习目标和终极任务。比如，小学五年级“我们与自然”课程中的话题——“动物也有情”的学习目标就是探索人与自然的关系，认识生物的多样性及其成因，形成环保意识和责任意识。本单元的终极任务是每人选择一个动物种类，建立动物档案。这让学生充满期待，跃跃欲试，并在遇到挑战时坚持下去。

二、可实现的挑战

电子游戏是基于难度级别（例如从 1 级到 10 级）设计的，玩家需要根据自身的掌握程度，迎接适当水平的挑战，之后才能升级。游戏允许玩家根据他们个性化的可实现的挑战水平来升级，这种模式同样可以用在课堂上，这是减少压力和保持学生积极性的关键。

可实现的挑战意味着学习目标要明确，而且学习者抱有能够达成目标的期望。将电子游戏模式应用到课堂学习中意味着，设计的目标要在学生可接受的潜能范围之内。著名的认知心理学家维果茨基提出了“最近发展区”的概念，找到了完全没有挑战性的学习任务与遥不可及的学习任务之间的平衡点。

当学习者有机会在个性化的可实现的挑战水平上，努力实现理想目标时，他们的大脑会在任务中投入更多精力，对纠正性反馈保持更高的反应能力，并能像电子游戏玩家那样专注和坚持。

我们在教学中很难确定这样的挑战性任务，我们不可能为每一个学生设计完全不一样的学习任务。这就要求我们设计的核心任务具有一定的张力和弹性，起点低，立意高，学生能做到。门槛要低，让每个学生都可以上手，让每个学生都觉得自己可以完成任务；但立意要高，不仅挑战学生的低阶思维，而且挑战学生应用、创造、迁移的高阶思维，让不同能力的学生都有施展的空间。

比如，青岛中学语文课的核心任务“为青岛中学咖啡厅设计创意广告”，初中科学课的核心任务“根据特定的生物环境创造一种动物”，小学主题课程的核心任务“我的虚拟自传”等，就具有这样的张力、弹性和挑战性。好的核心任务可以挑战不同能力的学生，能够激发不同学生的潜能，挑战他们的胜任力，就像电子游戏一样，既不会让能力一般的学生因为觉得高不可攀而沮丧，也不会让优秀的学生因为觉得太过容易而索然无味。

三、有具体反馈的持续评估

电子游戏的核心是它的反馈系统。玩家在玩游戏时会不断地收到反馈。然后，他们可以利用这些反馈立即做出调整，改变行动，并看看这样能否成功。玩家在游戏的过程中肯定会犯错误（或是做出不正确的预测），但吸引人的游戏会给予反馈，并提供无限的机会，让玩家在绝望沮丧的情况下可以没有压力地再次尝试。当他们选择或预测错误时，他们知道自己还会有下一次机会。

由于没有压力，玩家一直保持愉快的心情，不断尝试其他策略，或者学习必要的技能以完成指定任务。玩家会发现，即便经常出错，只要按照反馈调整行动并坚持下去，最终会取得进展并逐步实现目标。当大脑收到取得进展的反馈时，相关的记忆、技能或概念网络会得到加强。这种循环强化了成长型思维。

在日常教学中，我们可以通过为学生提供定期和及时的形成性评估，让学生在不断地试错、反馈、修正中取得进步。例如，学生写作文不是靠教师给一个分数或等级就能取得进步的。我们可以通过学生自评、同学互评、教师批阅的方式，让学生知晓其作文的优劣，然后加以改进。

所以，青岛中学改评价为诊断，目的也是给予学生更多的及时反馈。评价是价值性判断，而诊断是事实性判断。评价是分好坏，目的是证明（prove）；诊断是提供事实性反馈，目的是促进（improve）。从评价走向诊断，是从证明走向促进。反馈不是给学生一个成功或失败的证据，而是给予改进的机会。

四、对进展和成就的认可

值得注意的是，玩家在玩游戏时，常常不能一次性完成目标。那么，为什么他们能坚持下去？请注意，电子游戏并不要求玩家完成所有级别的所有任务；相反，它强调渐进式的进展，通过积分、代币或图形来记录玩家的进步。从神经学的角度来说，每当玩家在游戏中取得进展时，大脑中就会释放少量的多巴胺。

坚持不懈并在下一个阶段追求更大挑战的动机，源于大脑对又一次释放多巴胺的追求，这正是内在的动力。这就解释了为什么玩家会在下一关寻求更大的挑战。为了保持内在强化的愉悦，大脑需要更高水平的挑战，因为保持在已有水平已经不能激活多巴胺，不能满足对快感的必要预期了。

电子游戏如此让人欲罢不能，很大程度上是因为它们不断向玩家提供其实践效果和持续努力的证据——这也是培养成长型思维的基本要素。课堂学习也可以效仿这种模式。当学习者有机会以可实现的挑战水平投入学习任务，并相信自己的努力能够实现目标时，他们更有可能坚持下去。他们更有可能认识到，具体的反馈将有助于他们改进，以实现目标，而不是将反馈视为批评或失败的证据。青岛中学初中部尝试建立学习银行和勋章制度，便是期望对学生的每一点进步予以认可。

认可学生取得的进步，既可以让学生不断体验成功的愉悦，获得内在满足感，也可以帮助学生积累和建立自信，让他相信自己通过努力、坚持和不断修正，就可以取得成功。这已经触及了建立成长型思维的本质。

在线学习给我们的启示

教书和育人的距离永远都不能大于言传身教的可实施距离。

新冠肺炎疫情暴发以来，全国范围内的中小学在线学习持续了几个月，有的地方持续了半年之久。

在这段特别的日子里，我们收获了什么？几个月的居家学习效果如何？如何进一步改进和提高线上教学质量？线上教学对我们的日常教学有什么启示？

在北京师范大学李凌艳教授和北京“E 智慧团队”的帮助下，我们对全校学生居家在线学习的效果、学生自主性、家庭支持度和教师适应性等进行了自我诊断。

通过详细的诊断分析和反思，我们得出了诸多教育启示。

一、从关注教到关注学

在线学习诊断给我们的启示之一是，必须要从关注教转变到关注学。教学的根本目的是保证所有学生的学，而不仅仅是保证所有学生被教。

因此，教师的全部着眼点应该集中于此——让学习真实地发生。重要的不是在电脑屏幕的这一端教师讲了多少，讲得如何；重要的是在电脑屏幕的另一端，学生学了多少，学得如何。无论是线上学习还是线下学习，莫不如此。

特别是线上教学，学生和教师之间进行远程的、隔着电脑屏幕的教学交往，缺乏面对面的、直接的交流，需要通过技术媒介才能互动。由于技术的限制，很多教学活动不便于在线上开展，比如，科学课中的实验、数学课中的几何推演等。

如果教师还是用以讲为主的方式，效果肯定很差。本来该做实验、画图或是讨论，结果都变成了讲授，学生不会感兴趣，当然不会有好的教学效果。这种对着屏幕的隔空讲授，教师自己也找不到感觉，学生在电脑屏幕的另一端，到底听进了多少，不得而知。

所以，我们应该从教走向学，实现教学方式的转变。我们必须以任务驱动学习，让学生动起来，让学生在完成学习任务的过程中，掌握知识和技能，形成能力和素养。

从教走向学，教师转变了角色，成为学生学习的设计者，资源的提供者，自主学习的支持者，教学活动的对话者。教师的主要任务是设计学习目标和任务，提供资源、工具和脚手架，进行诊断和提供及时性反馈。

第一是让学生有非常清晰的学习目标，知道这个单元要去哪里。没有目标，也就没有方向感。我们在诊断中发现，学生非常欠缺目标，所以首先要让目标对学生可见。不仅教师要清楚目标，学生也需要知道目标。

第二是任务设计，这是教学设计的核心。线上教学应该是任务驱动的，我们必须根据目标设计核心任务。学生学习就是完成核心任务的过程，不是你讲他听，而是做中学。

核心任务必须有张力，既承载学习目标，又对学生友好，让每个学生都可以上手，同时能激发每一个学生的潜能。这就需要我们重构学习内容，围绕那些知识颗粒度大的内容，以目标为导向来设计核心任务，让学生在完成任务的过程中，进行实践应用的输出式学习。

第三是资源支持。为了帮助学生完成这些学习任务，教师要推送一些学习资源，提供一些工具、脚手架、策略和方法，为学生学习提供支撑。同时，也为个别化的学习提供资源支持，满足不同学生的不同学习需求，以资源的丰富性，来支撑学生学习的个别化。

第四是及时反馈和诊断。无论是线上学习还是线下学习，及时反馈都非常重要。这不仅可以给漫长的学习过程以节奏感，实现闭环，同时也能让学生知道，自己究竟学得怎么样。及时反馈，不仅能够发现学习中的问题，也能让学生从中获取能量，如果他学有所得的话。

总而言之，教学过程要从关注教转变为关注学，让学生成为学习的主体。一切学习本质上都是自我学习。学习永远不是一个被教的过程，而是一个主动探索的过程。无论是线上还是线下，都是如此。

二、关注学生自我系统的启动和元认知能力的培养

在线学习诊断给我们的启示之二是，要高度关注学生自我系统的启动和元认知能力的培养。

诊断结果显示，学生在自主规划、自主管理、自主学习方面的表现不是特别理想。我们对学习自主性高的学生样本进行回归分析，发现自主性高的学生学习效果也好，二者呈正相关。

这给我们一个重要的启示：学生的自主性和自律性、学习习惯和生活习惯，与学习效果呈现高度的一致性。

所以，学习成绩往往并不由学习本身决定，或者说，影响学生学业成绩的因素，恰恰是学习之外的非认知因素，最重要的是自我系统和元认知系统，是学生的生活习惯、行为习惯、学习态度和方法等。很难想象，一个平时在生活中没有规划的人，学习上会有计划；一个生活中很马虎的

人，学习时却很细致。

这又回到马扎诺的理论。他将人的行为过程分为三个系统：认知系统、自我系统、元认知系统。自我系统解决的是人的学习内动力的问题，元认知系统解决的是学习的方法、策略、自我认知和监控的问题。从某种意义上说，影响学生学习的因素不仅仅有认知系统，自我系统与元认知系统的影响往往更大。

自我系统是动力系统。如何启动内动力，也就是说，如何抓住和保持学生的高度注意力，让学生全身心投入学习？我们在设计教学的时候，必须考虑这个问题。一般来说，要考虑三个要素：一是有意思，能激发学生的兴趣；二是有意义，能激发学生的意义感；三是有挑战，能给学生成就感。这三者都能够点燃和启动学生的内动力系统。有了内动力，学生的学习自主性就被激发出来了。

元认知系统是人的自我认知和自我监控系统，也是学生自律性的体现。它可以让学生知道自己做得怎么样，运用了什么样的策略和方法，运用得是否得当，是否按照计划和规划去学习等。人贵有自知之明，也最缺乏自知之明；人贵有自律，也最缺乏自律品质。对自我认知和自我监控的元认知系统的启动，也是对学生学习习惯和自律性的培养。

所以，无论是线上学习还是线下学习，我们都要充分关注学生的自我系统的启动和元认知系统的启动，并将其提升到教育目标的层面。也就是说，我们在设计单元学习目标的时候，不仅要关注知识和技能、能力与素养目标，更要关注自我系统和元认知目标，也就是关注学生的学习态度、情感、价值观，关注学习方法、策略、自我评价与监控。自律品质和自主能力的培养，既是我们努力的方向，也是教育的目的。

三、重视和珍惜师生的情感连接

在线学习诊断给我们的启示之三是，教育要重视和珍惜师生的情感连接。

诊断结果显示，接近80%的学生认为线上学习的效果和平时在校学习“差不多”或者“差一点儿”；大约10%的学生认为线上学习比平时在校学习“差很多”；有10%的学生认为线上学习比平时在校学习效果“好一点儿”，其中认为线上学习比平时在校学习“好很多”的学生不到4%。

线上学习体现了技术给学习带来的便利。比如，及时地反馈，回看和再现教学视频，远距离地交互等，让学习更加自由和便捷。但是，这也让人们反过来认识到线下教学的优势。人与人的真实接触，有不可替代的影响力。

是的，经过这一段时间的居家在线学习，学生和老师都很想回到学校，回到真实的课堂。那么，真实的课堂里有什么？其实就是有近距离的、面对面的、直接的、不需要通过媒介的人与人的连接。

所以，我们要重视和珍惜师生的线下教学。我们回到课堂后，一定要珍惜师生的连接。在课堂上，我们要捕捉师生直接交往当中那些敏感的、隐蔽的信息，并及时予以回应。我们在课堂上要关注每一个学生。

线上教学也是这样。虽然教师隔着屏幕，同时给很多学生上课，但一定要让屏幕另一端的“这一个”学生觉得，你就是在给他一个人讲课。如果“每一个”学生都有这样的感觉，就会产生特别的教育效果。

当然，线上教学很难做到这一点，这是线上教学最大的瓶颈所在，这也恰恰是教育的奥秘所在。这再一次证明，教育是人对人的影响，教师的工作不可能被机器或人工智能所替代。

青岛中学李琳老师说过的一句话，我觉得特别好：“教书和育人的距离永远都不能大于言传身教的可实施距离。”

教育是有温度的，是人对人的影响，是心灵唤醒心灵，情感触动情感。所以，不用担心机器人会取代教师的职业，除非教师像机器一样只教书不育人。

也谈浙江省高考满分作文

思维的深度、思想的高度、思辨的角度，才是语文能力最重要的表征。

2020年，浙江省高考满分作文《生活在树上》一时间成了媒体讨论的热点。假期里我（以下简称为W）和一位高中语文教师（以下简称为Y），讨论了浙江省高考满分作文这个话题，兹录于下。

一、语文能力最重要的表征

Y：这篇作文第一位阅卷教师打了39分，后面两位阅卷教师给了55分，最后阅卷小组讨论后给了满分。这引发了我们的思考：高考作文想要检测学生的什么能力？第一位老师只给了39分，我想他可能认为这篇作文不像是我们平常看到的那种常态化作文。后面两位老师打了55分，阅卷小组给了满分，你觉得他们最认可这篇文章的什么地方？

W：你这个问题问到根本了。目前网上的所有争论，其实都应该指向这个问题：高考作文到底要检测学生什么素养？什么语文能力？如果这个问题不考虑清楚，我们就不知道应该给多少分。

所以，引起争议的并不是这篇作文本身，而是高考语文为什么要考作文。我们的高考作文要求学生在40分钟到1小时之间写一篇800字的文章，说实在的，这很难反映一个学生真实的语文能力。

法国高考要求学生在4个小时内写出一篇论文，你想可能写多少字呢？IB课程TOK作文要求是1600字，而我们的高考作文只有800字，还没开头就结束了，很难体现学生的写作能力，也很难激发那些真正有写作水平的学生的潜能。也许写这篇作文的学生想要炫技，如果让他写4个小时，写一篇5000字的文章，他还能这样炫的话，那才真是了不起。可是，目前高考作文只有800字的要求，他也做不了什么，就来炫技了。他炫的是一些概念，一些陌生的、晦涩的词。也就是说，他炫的是语言本身。如果从语文素养的角度来说，思维力才是最重要的，思维的深度、思想的高度、思辨的角度，才是语文能力最重要的表征。

语文学科的核心素养分为4个层面，语言的建构和运用是最基础的素养，在此之上是思维能力的提升与发展、审美鉴赏与创造，以及文化的传承与理解。关于语言的建构与运用，已经通过高考试卷的前半部分，比如各种文本的阅读等，考核完毕。我们希望通过作文来考查学生的核心素养，尤其是思维、审美和文化层面的素养，也就是高阶素养。高考作文是否以此为标准，很难说。

Y：是的，原因很多，我们不能简单地说是这个学生的问题。这篇作文反映的其实是高考的问题，是命题的问题，是语文教学的问题。比如，法国高考要求学生写一篇论文，在充足的时间内，让学生以足够的字数写作，才有可能比较充分地展示学生的表达能力。托福考试和SAT考试（美国高考）的写作，测试的最重要的东西之一是思维逻辑，语言只是表达的工具。如果我们只重视语言的外在表现，而忽视了它的内核，忽视了思维逻辑，就会本末倒置。比如，前些年出现的秋雨体，便是这样。余秋雨的文化散文写得很好，但是，当我们的学生把它当成高考作文的范本时，它就变成了一种形式上的东西。

W：所以，我们既不能责怪教师，也不能责怪学生，要追问的是高考作文的形式要求与命题。也许恰恰是这种考试要求，让学生去追求形式。800 字的容量让他没法展现思想深度，也难以体现综合素养，为了高分，学生就会追求形式——如何开头，如何结尾，如何遣词造句。所以，我们批评秋雨体，是因为学生学的是那种遣词造句的方式，他使用大概念，写得很华美，但华美的外衣里面没有内容，空空如也。他没有学到余秋雨的思维深度，只学到表达样式，但也可能得高分。

除了高考作文的形式要求，作文命题也很重要。你看 IB 课程 TOK 的论文题目："有人说，人们产生知识的方式只有两种：被动地观察或主动地实验。你是如何看待这个观点的？"人家题目出得好，题目本身就有思维含量和思想深度。法国的高考作文也是如此，谈自由与自律、伦理与道德……问题本身有相当大的思维含量。

我们的一些高考作文题目与之相距甚远。比如，2020 年的高考作文题："一条信息""疫情中的距离与联系""带你走近______"……这些题目可写的内容有限，缺乏可挖掘的思想深度，也激发不了特别有想法的学生的潜能。题目的限制，加上时间与字数的限制，让学生只能按照套路去写，写成现代的高考八股文。

二、我们总期望将学生的思维引向唯一正确结论

Y：学生学语文 12 年，从严格意义上来说，他们真正接触这种有思辨性的议论文的时间很短，也就两年左右。初中基本是以记叙文为主，中

考作文都是要求写记叙文，就是写人记事，偶尔也写景状物。真正写议论文，是到高中才开始的，甚至有的学校到高二才开始。很长时间以来，语文教学的重心一直是阅读，虽然我们经常说读写结合，但是写作的教学不成体系。我们往往认为作文主要是用来表情达意的，重在表达情感。但如果给作文分类的话，表情达意的文章只是其中一类，但写这一类作文我们花了整整 10 年时间，而写思辨性的作文只有两年时间。

我在设计单元任务的时候，比如小说单元，会尝试让学生写鉴赏性的文学评论；在科学与文化论著研习单元，会让学生写一份研究报告；在《史记》选读单元，会让学生以“谁是英雄”为题写辩论词。这些都是写作训练。我始终觉得，我们的日常作文教学没有真正做到序列化。

W：是的。下面我们要讨论中小学语文教学的一些问题。正如你所说，在 12 年基础教育中，我们可能用了 10 年时间训练学生表情达意的基本语言能力。而且，我们总是把语文课看成文学课，注重表达情感、写景状物、文法修辞，有点儿像中世纪欧洲人学习拉丁文学，讲究修辞、文法等语言与文学的素养。中小学语文老师大多是汉语言文学专业毕业的，特别注重语文的文学性。

Y：对的。在大学里，汉语言文学专业的专业课中，文学系列占很大比重，包括古代文学、现当代文学、外国文学；语言学方面的课程包括古代汉语和现代汉语；也包括写作学、逻辑学、教学法，但这些课所占比重不大。

W：语文教师在大学接受的教育，以及大学的课程设置，让我们习惯于将语文课看成文学课，或者说特别注重文学。我认为，目前中小学的语文教学做得比较好的地方，一个是语言的建构和运用，另一个是文学的审美鉴赏和创造。但是，忽略了另外两个方面，一个是思维，另一个是文化。要培养学生的思维能力和文化理解力，就要重视对非文学性文本的阅读与写作。在中学语文教学中，纯文学性的文本应该下降到30%左右。

Y:《普通高中语文课程标准（2017年版）》一共有18个学习任务群，除了文学阅读与写作，还设置有思辨性阅读与表达、实用性阅读与交流、跨文化专题研讨、学术论著专题研讨等学习任务群。在具体的教学过程中，怎么样来落实语文学科的核心素养，仍需要我们不断探索。

W：除了语文教学外，其他人文和社会学科以及自然学科的教学，都存在一个普遍的问题，就是思维方式的问题。不能说我们不重视思维，但我们给学生的思维训练，是向内的聚合式思维训练。我们总是期望将学生的思维引向一个结论，一个正确的结论，而且是唯一正确的结论。如果我们的教学都是这样的，我们培养的学生很难有独立思想。假设你出一个作文题："道德是必需的吗？"他很难写出来。因为在12年的教学中，我们很少给学生进行这样的思维训练，很少培养学生从多元视角去看待问题，批判性地思考问题。从小学开始，他总是被灌输知识。我们总是将前人已经形成定论的经典性知识传授给学生，让他们掌握和接受已有的结论。学生有问题的小脑袋，慢慢地没有问题了，学的知识越多，问题越少，思想也越平庸。

Y：这让我想起一位同事的女儿，她在中国读完本科之后去美国读书。她说，到了美国后才懂得什么是学习。"去美国之前，学习中无论遇到什么问题，我知道老师那里肯定都有答案。换句话说，我的学习都是为了追求那个答案去的。但到了美国后，我发现没有一个问题是有答案的。就算老师对这个问题有一个看法，他也不会直接告诉你，而且也不会用这样一个答案来评判你的学习。”

W：语文教学一定要注重思维的训练和文化的涵养，特别是批判性思维的培养。我们要思考，怎么样把学生的思维打开，引导他们辩证地、批判性地、多视角地看待问题。目前的语文教学在这方面做得不够，又将语文窄化为文学，即便是文学教学，也是碎片化的阅读，肢解文本，曲解文意。

华美的辞藻只能掩饰思维的贫乏。六朝的骈体文，也是追求华美，当然，六朝的赋里面也有上佳作品，但总体来讲是追求形式美，缺少内容，没有思想。后来的唐宋八大家，“文起八代之衰”，提倡文以载道。就是说，文是个工具，道才是核心。但是没有道的时候，没有思想的时候，大家就只能炫技了。

Y：作为一线语文教师，我们也是很矛盾的。一方面，我们希望学生用文章来表达自己的思想，与别人进行交流。我经常碰到这样的学生，他的周记、随笔写得特别好，基本都能写 2000 多字。他需要通过这种方式，表达对一个问题的认识。另一方面，学生要上考场的时候，我们就想着怎么样能让他们通过比较便捷的训练方式，在高考作文中取得不错的分数。要想让这两者有很完美的结合，是很难的。

W：我认为如果一个学生的思维力很强，思想很深刻，让他写 800 字的高考作文他也不至于写得很差。如果真的把学生的语言能力和语文素养提升了，高考作文不是问题。所谓应试教育和素质教育的区别，就在于你是不是把考试当成唯一，或是当成目的。如果你把语言能力和语文素养当成目的，高考就是一个结果而已；如果你把高考看作唯一目标，那些真正重要的东西就可能被弄丢。所以语文老师还是可以做一点儿事的。

我前几天看到青岛中学一个小学四年级的学生写了一篇科学幻想小说。这篇小说篇幅很长，内容也很好。我想，8 年以后，她参加高考的时候，让她去写 800 字的作文肯定也没问题。

三、个性化写作不是一种罪过

Y：最后我们来谈谈那个高考作文得满分的学生。平心而论，他可能读了很多书，有自己的想法和思考，他的文章现在的很多本科生、研究生也不一定能写出来。但给这篇文章满分会让人误解我们要追求或倡导这种表达形式。

我倒觉得，这篇作文体现出来的，也是个性化写作的问题。有的学生喜欢用这种个性化的方式来表达自己，平时在生活中也是这样；也有的学生可能以更加直白、更加通俗的方式来表达自己。我认为这没有什么好坏之分，写作本身就应该是一种个性化的表达。我们希望每个学生都不一样，写的都一样并不好。

第一位阅卷老师给了 39 分，可能在这位阅卷老师看来，这篇作文很另类。包括在前些年的高考作文中，有学生用文言文写《赤兔之死》，也是一种个性化表达。这本身不应该成为一种罪过，但是也不能片面和过度。

W：这位学生可能觉得，按常规写法，根本无法体现他的阅读量和表达力。所以，他想用这种另类的方式来表现自己的个性。这非常符合这个年龄学生的心理特点，这是一种个性的张扬：你看我读过那么多书，我知道这些冷僻的词。

这让我想起几十年前，我在乡镇中学读初一的时候，因为读过一些古书，也喜欢书法，所以常用繁体字写作业，这不就是一种年少轻狂嘛！有一天，在放学的路上，邻村一位高年级的大哥哥看我的作业本，我还以为能得到他的表扬，结果他温和地告诉我，练书法可以用繁体字，做作业不能用繁体字。后来，我回老家的时候路过邻村，还常常能想起当年他说的话。所以我特别能理解这位同学的少年心事，相信他以后有一天能够认识到，平实，兴许也是一种境界。

第四辑

教育从何处出发

重新发现儿童[①]

童年不是被发明的，而是一种发现。

有人说过这样的话：只要柏拉图的《理想国》和卢梭的《爱弥儿》留存于世，纵使其他教育著述尽被焚毁，教育园地依然馥郁芬芳。虽然言之过甚，但也表明了卢梭和他的《爱弥儿》在世界教育史上的地位。卢梭认为他一生中最重要的著作就是这部小说体教育名著《爱弥儿》。康德一生严谨守时，唯一一次打破刻板的作息时间表，就是因为读《爱弥儿》。

30 多年前，我在大学时代读《爱弥儿》，是把它当作小说读；30 多年后，我重读《爱弥儿》，是把它当作教育著作来读。不同的境遇与体验，让我读出不同的况味。

一、把孩子看作孩子

文艺复兴重新发现了人，重新肯定了人的价值。卢梭则重新发现了儿童，肯定了童年的内在价值。这在教育史上是一种“哥白尼式的发现”，直接引发了“以儿童为中心”的欧洲新教育运动和美国的进步主义教育运动。

① 本文为《爱弥儿》读书札记。

“在人生的秩序中，童年有它的地位：应当把成人看作成人，把孩子看作孩子。”[①]“每一个年龄，人生的每一阶段，都有其自身的完美，都有它特有的成熟状态。”[②]童年不是成人的准备，童年是自足的，童年有其固有的价值。

威廉·华兹华斯甚至提出“儿童是成人之父”的口号。陶行知先生有首《小孩不小歌》：“人人都说小孩小，谁知人小心不小。你若小看小孩子，便比小孩还要小。”这同样是对童年和儿童的重新定义。

童年不是被发明的，而是一种发现。童年是一种社会存在，而不是一种主观的社会建构的概念。卢梭的贡献是发现了儿童，指出了它的存在，肯定了它的价值。

然而，可惜的是，童年正在消逝。在我们这个高速运转的社会，在这个信息泛滥的网络时代，成人世界的文化不断侵蚀着儿童世界。童谣、童话、儿童文学、儿童音乐、儿童游戏越来越少，儿童文化不可避免地成人化。正像尼尔·波兹曼在《童年的消逝》中所说：“不得不眼睁睁地看着儿童的天真无邪、可塑性和好奇心正逐渐退化，然后扭曲成为伪成人的劣等面目，这正是令人痛心和尴尬的，而且尤其可悲。”[③]

二、教育即解放

一般人都认为卢梭的教育思想主要是自然教育思想。但在我看来，他的教育思想的本质是自由教育思想，或者说他的自然教育是自由教育思想的一部分。

---

①② 卢梭. 爱弥儿（精选本）[M]. 彭正梅，译. 上海：上海人民出版社，2011: 31, 75.

③ 波兹曼. 童年的消逝 [M]. 吴燕莛，译. 桂林：广西师范大学出版社，2011: 6.

卢梭认为，人的教育过程就是走向自由的过程，即从自然自由走向社会自由，最后达到道德自由。

自然自由是天赋的不可剥夺的自然状态的自由；社会自由是在社会化过程中，依据社会法则，通过自我克服形成的一种外在的自由；道德自由是一种内在的自觉的自由，是人性本身完善的结果。

自由的过程是从自然自由状态到外在的社会自由，再到内在的道德自由。

人是自然之子，自然自由是人的原初状态。教育要顺应自然，即顺应人的天性。

卢梭认为，人从自然状态走向社会状态是一种进步，是人社会化的过程，但是这种进步并没有给人带来实际的自由，反而使人堕入奴役状态。在人类社会中，“他们追求独立，反而成了奴隶；努力捍卫独立，反而丧失了自由。为了不受各种事物的洪流的冲击，他们把自己嵌入到无尽的依附之中；后来，他们想自由地迈出一步也不可能，并惊奇地发现他们对一切都要依赖了。”①

他认为，人生而自由，却无往不在枷锁之中。千百年来的社会充满着奴役和控制。

真正的自由是内在的自由。自由是不受人与物的奴役和控制，也不控制和奴役别人。拥有自由，但不滥用自由。自由本质上是一种自主。因此自由教育既不培养奴才，也不培养暴君，而是培养自主的人。

从这个意义上讲，教育即解放，是将人从异己社会的无形的枷锁中解放出来，使其发现自己，做自己的主人，最终走向内在的道德自由。

① 卢梭. 爱弥儿（精选本）[M]. 彭正梅，译. 上海：上海人民出版社，2011: 185.

三、结语

卢梭的教育思想停留在空想阶段，他并没有付诸实践，而是把自己的几个孩子都送到了育婴堂，以致落下教育乌托邦的口实。但他的自由教育、自然教育、对儿童的发现等，充满着教育的浪漫主义和理想主义色彩，为教育思想史做出了极大贡献，千百年后，依然熠熠生辉；尤其在教育的功利主义和蒙昧主义充斥的今天，对于我们重新发现儿童、解放儿童，仍旧显得弥足珍贵。

300年前的教育信札[①]

教育上的错误比别的错误更不可轻犯。在教育上犯错正和错配了药一样，第一次弄错了，绝不能借第二次第三次去补救，它们的影响是终身洗刷不掉的。

——约翰·洛克

约翰·洛克和卢梭、杜威一样，既是教育家，又是哲学家和思想家。他在哲学、政治、教育、自然科学（化学、气象）、医学等领域均有所涉猎，符合百科全书时代的思想家的博学多识的共同特征。时代愈发展，学问愈走向细分，后来的教育家不再是这般百科全书式的人物。

约翰·洛克1632年出生，活了72岁，在他那个时代，算是高寿，臆测一下，这也许与他注重体育与健康有关吧。他于1693年出版了《教育漫话》，这本书集中阐述了他的教育思想。这一年洛克61岁，应该是智慧与学问成熟的时期。

《教育漫话》反映了约翰·洛克那个时代对教育特别是家庭教育的认知。300多年过去了，约翰·洛克的教育观点对于今天的学校教育和家庭教育，仍然有着重要的借鉴意义。

---

① 本文为《教育漫话》读书札记。

一、做德智体全面发展的教育

约翰·洛克在17世纪就提出做德智体全面发展的教育，委实难得。苏霍姆林斯基也以全面发展的教育思想而名垂于世，但他已是20世纪的人了，比约翰·洛克晚了200多年。

约翰·洛克对于德、智、体的排序也有过人之处，他将体育排在首位。《教育漫话》开篇第一句话是“健康之精神寓于健康之身体”。他不仅将健康摆在第一位，而且提出身体健康与精神健康并重的理念。

时至今日，我们讨论健康时往往还是隐指身体健康，对精神健康重视不够。学校的体育课，强调的也只是身体运动与技能训练，常常忽视精神层面的意志品格的锤炼、团队精神的培养。

对于身体健康，洛克主张对于身体不可娇惯。此外他还强调睡眠，“‘自然’，给予人们的甘露是睡眠”①。对于精神健康，他认为应该“克制自己的欲望，要能不顾自己的倾向而纯粹顺从理性所认为最好的指导”。②

洛克强调早期教育的重要性。对儿童来说，似乎一些小的细节并不重要，但是“习惯却是一件关系重大的大事情”。一些父母不拘小节，溺爱儿童，把儿童的本性弄坏了，“他们自己在泉水的源头下了毒药，日后亲身喝到苦水，却又感到奇怪”。③

在约翰·洛克看来，儿童如一张白纸，最初的教育对儿童的一生有无法磨灭的影响。“教育上的错误比别的错误更不可轻犯。在教育上犯错正和错配了药一样，第一次弄错了，绝不能借第二次第三次去补救，它们的

①②③ 洛克. 教育漫话 [M]. 傅任敢，译. 北京：教育科学出版社，1999: 15, 19, 20.

影响是终身洗刷不掉的。”[1]“我只把他看成是一张白纸或一块蜡，是可以随心所欲地做成什么式样的。”[2]这便是约翰·洛克的儿童观，是他著名的“白板说”。

二、儿童的德行

《教育漫话》这本书的主要篇幅都是在讨论儿童的德行。

“教育上难于做到而又具有价值的一部分目标是德行，直接的德行，不是鲁莽冒失，也不是任何一点点混世的技能。其余一切的考虑与成就都应该退避，都应该让它一步。唯有德行才是真实的善。”[3]

教育从诞生的那一天起，其主要任务就是培养人，人是教育的目的，知识的学习、技能的培养都是手段。但是今天的教育，目的已经消失在手段之中，手段篡夺了目的的位置。这正是当前教育的功利、肤浅和短视之所在。

约翰·洛克认为，孩子小时候，父母应该树立权威，以利于管教；孩子长大了，父母则要慢慢变成他的贴心朋友。孩子小时候，父母要凭借自己的权威和孩子的畏惧之心来进行管教；孩子长大后，父母则要用友爱去维系亲子关系。现在独生子女的父母，往往在孩子小时候溺爱，孩子长大了想管教却已经迟了。

孩子做错了事，不要责骂和愤怒，不要丢失理智，否则会降低父母的威信。批评不同于责骂。批评是针对做事的方式，针对过失本身；责骂是对人格的伤害。批评的语气应该“严肃、和蔼而又庄重”。[4]

①②③④　洛克. 教育漫话 [M]. 傅任敢，译. 北京：教育科学出版社，1999: 2, 185, 48, 54.

即使要惩罚儿童，“态度还是要镇定，要使他们觉得你的作为是合理的，对于他们是有益的，而且是必要的”。[①]而不要由于生气采取非理智的行为。其实，儿童犯错是成长的一种方式，“在这种错误方面，我们应该把他们当作天然的弱者看待，去帮助他们，帮助他们去改正”。[②]

其实，儿童的许多过失是自然的过失，“除了顽梗之外，什么事情都不应该使用任何专横或粗暴的办法去对待”。如果学生处在恐惧之中，学习是不会真正发生的，“你不能在一个战栗的心理上面写上平正的文字，正同你不能在一张震动的纸上写上平正的文字是一样的”。[③]

关于规则与榜样，他认为“儿童不是用规则可以教得好的”，“规则应该愈少愈好，比表面看去好似绝对不可少的还要少”。[④]与其运用规则，不如运用榜样。规则是外在的、他者的规训，榜样则可以激发孩子自主地模仿。内动力总是比外动力更深入持久。规则不如习惯重要，规则会忘记，习惯则会保持。

三、德行比智慧和学问更重要

约翰·洛克将智慧与学问放在健康和德行之后。“一切重大的责任是德行与智慧。”[⑤]德行比智慧和学问更重要，一个人智慧的不足可以用德行来弥补，一个人德行的缺陷却不可以用智慧来弥补。

关于学习负担，约翰·洛克认为不能让学习成为儿童的一种负担或者任务。第一是要让他喜爱，当他喜爱一件事时，他就会用功。第二是可以给他一种奖赏。比如读书，只有他表现好时，才可以让他去读书。时间又

①②③④⑤ 洛克. 教育漫话 [M]. 傅任敢，译. 北京：教育科学出版社，1999: 59, 58, 142, 37, 174.

不可过长，要留有余味，在他烦倦之前就结束。第三是给他自由，不要硬性规定，一件事被强迫就容易成为任务和负担。儿童爱自由。

游戏要让儿童做够，否则他还会惦记；而有益的事则要留有余味，在他感到疲倦之前就停止。

“儿童比成人更不爱偷懒”。[①] 儿童对于自己喜爱的事情是不计劳累的。所以要让学习成为一种游戏或玩耍，不要让它成为一种规定性的任务。

四、结语

《教育漫话》原本是约翰·洛克给他的朋友爱德华·葛拉克写的信札。整本书娓娓道来，文风简洁，亲切而自然，像是与朋友的炉边谈话。

这一点与《爱弥儿》相似，卢梭原本是要给一位母亲写信，后来刹不住车，写成一本书了。

唯一的问题是，我读的傅任敢先生的译本，从头至尾不分章节，像是一段没有驿站的旅程，让人读起来似乎找不到停歇和喘息的机会，容易产生阅读焦虑。

读完这本书，我想起这样一句话：河流到达大海时，已经奄奄一息了。

---

① 洛克. 教育漫话 [M]. 傅任敢，译. 北京：教育科学出版社，1999: 130.

成人应该成为儿童的被告 ①

成人没有意识到，他们在用无益的帮助和暗示吹动儿童的心灵之灯，并最终把它熄灭。

——玛丽亚·蒙台梭利

玛丽亚·蒙台梭利在她的《童年的秘密》这本书中，一开头就提出了这样一个严肃的警示：成人应该成为儿童的被告。

“那些曾被认为是全人类守护者和乐善好施的人们却应当受到控告，他们应该成为‘被告’。这些人是儿童的父亲和母亲，很多人是教师和儿童的监护人，因此，受到控告的可以认为是成人，也就是对儿童负有责任的整个社会。”②

这样的警告石破天惊，振聋发聩。

一、应尊重儿童自身内在的生命冲动

儿童的第一声啼哭，宣告了自己的诞生。儿童来到这个世界后，面临的是恐惧、孤独与痛苦。从儿童诞生之初，儿童与成人的冲突将始终伴随

① 本文为《童年的秘密》读书札记。

② 蒙台梭利. 童年的秘密 [M]. 梁海涛，译. 上海：上海人民出版社，2012: 9.

着儿童的成长。

成人以自我为中心，按照自私的想法，并以爱的名义，自以为是地抚育儿童，其实可能是在压抑儿童的健康成长。儿童是依靠他自身内在的生命冲动，引导自身的成长。成人却觉得是自己创造了儿童。

刚出生的新生儿像个病人，如同其母亲一样，他刚刚度过死亡的危险期。但他与病人不一样，他还需要“心理照管”。“生命的诞生不仅仅是一个物质的肌体，它也像‘胚胎细胞’一样，同时包含着特定的、潜藏的心理机能。”[①] 因此，即便是新生儿，他的心理也需要保护，需要有像大自然保护生物胚胎一样的环境。但是成人却不了解儿童一生下来就有精神生活的事实，疏于对儿童精神生活的照顾。成人的不当行为在处于最初的心理敏感期的儿童身上埋下潜意识的不良种子，导致儿童后来个性和心理的偏离。成人反过来却又将罪责推到儿童身上，似乎儿童在人性之初就带有恶的种子，却忘记了真正的被告正是自己。

儿童对世界的感觉与成人不同，其心理特征也与成人完全不同。“如果在敏感期有什么东西阻碍婴儿的发展，他就会迷茫甚至扭曲，这就是我们还不了解的儿童的心理痛苦，而几乎所有人在这个方面都有潜意识的心理烙印。”[②] 比如，任性正是这种心理痛苦的外在表现，成人却觉得孩子是在无理取闹。其实这是儿童内心的灵魂试图索取保护，或者是一种自我保护。儿童最初的任性是早期的心理疾病。

“或许儿童大部分早期的任性行为正是因为对秩序的敏感造成的。”[③] 儿童不能生活在秩序混乱的环境中，他对秩序极其敏感。儿童的秩序感存在于两个方面，一是外在的秩序感，二是内在的秩序感。所以，儿童两岁

---

①②③ 蒙台梭利. 童年的秘密 [M]. 梁海涛，译. 上海：上海人民出版社，2012: 15, 41, 52.

以前要生活在一个安静、有秩序、稳定的环境中。这种环境既指物理环境，也指心理环境。这样有秩序的环境有利于儿童心理的发育和成长。

二、儿童天然具有创造性

儿童天然具有创造性。“儿童所做的一切都是从无到有，他只会感到创造的劳累并承继他创造的成果。”① 比如感觉、知觉、理性、方位、运动能力等，都是儿童创造的。“儿童为完成人生第一步，即从一无所知到掌握基本原则，付出了巨大努力。儿童是如此接近生活的前沿，他为行动而行动。他就是这样去创造，不为人所知，也无法回忆。”② 可是成人从儿童诞生之初，就开始“防范”儿童，这里不许碰，那里不许摸，虽然是出于保护的目的，但其实是在扼杀儿童的创造力。“成人正是利用儿童意识的脆弱，人为强加给儿童各种对阴暗莫名的恐惧，目的是让儿童服从他们。这是成人防范儿童最恶劣的手段之一。”③

可怕的是，成人并没有意识到自己对儿童的防范行为，而是自觉地相信自己的行为是出于疼爱。成人往往因为孩子行走的节奏过慢，用推车推着或者抱着儿童，却忽视了儿童成长的需要。“儿童蹒跚学步时带着难以抑制的冲动和勇敢，冒冒失失地想往前迈步。他是一个真正的士兵，冒着危险，冲向胜利。正是出于这个原因，成人想保护他免遭危险，但这恰恰成为阻碍。”④ 其实，儿童独立行走是他在开发自己的功能，以自我创造为目的。是周遭的事物不断吸引和推动着他行走乃至奔跑。

更为严重的是，成人将自己的意志强加于儿童，代替儿童的意志。成

---

①②③④ 蒙台梭利. 童年的秘密 [M]. 梁海涛，译. 上海：上海人民出版社，2012: 61, 62, 189, 80.

人强势的个性，对儿童的成长有害无利，无论是不是以爱的名义。所以有人说，一个强势的母亲也许是孩子的不幸。强势的父母会压抑儿童的个性，在儿童的潜意识中留下烙印。儿童从小被他人主宰，成为一条随波逐流的小船，最后失去了按自己的天性成长发育的机会。

儿童的成长，是发现自己，寻找自己，最后成为自己的过程。“儿童是一个发现者，他好像一个从混沌星云中诞生的人，一个尚不确定，但却是光辉的人，他正在寻找自己的原型。”[①] 在这个发现、寻找和成长的过程中，儿童需要自然、自由和自主。

但是成人往往以爱和保护的名义，让孩子“被”成长。这使我想起一个寓言：“昔者海鸟止于鲁郊，鲁侯御而觞之于庙，奏九韶以为乐，具太牢以为膳。鸟乃眩视忧悲，不敢食一脔，不敢饮一杯，三日而死。此以己养养鸟也，非以鸟养养鸟也。”这个寓言出自《庄子・至乐》，说的是从前有一只海鸟停落在鲁国都城的郊外，鲁侯隆重地迎接它，并且在宗庙里宴请它，为它演奏《九韶》之乐，又用牛、羊、猪肉作为它的饭食。但是这只海鸟被鲁侯的这种招待弄得头晕眼花，它不吃一块肉，也不喝一口酒，过了三天就死了。这是鲁侯用自己的生活方式来养鸟，而不是用鸟的生活方法来养鸟。

所以，成人要按照儿童的逻辑而不是自己的逻辑来对待儿童。父母不是儿童的建设者，而是守护者。蝴蝶不会急着打破幼虫的茧，让幼虫飞翔；青蛙不会把蝌蚪拉出水面，急切地让它褪去灰色，换上绿色的衣裳。可是，儿童的父母却只想着让儿童尽快拿到社会通行证。

这也正是当下教育的问题之一。成人（父母和老师）自以为是地教育下一代，也许正犯下不可逆转的过错：以功利的目标，扼杀了孩子的梦

① 蒙台梭利. 童年的秘密 [M]. 梁海涛，译. 上海：上海人民出版社，2012: 101.

想；以过度的溺爱，扼杀了孩子的能动性和自主性；以过度的教学，扼杀了孩子的学习兴趣、求知欲乃至创造力。一句话，成人以爱的名义，扼杀了儿童的未来。“成人没有意识到，他们在用无益的帮助和暗示吹动儿童的心灵之灯，并最终把它熄灭。”①

三、让孩子多用手劳动

开始学会运用语言表达和渴望用手劳动，是儿童的本能。人类宣誓时举手，结婚时拉手。在人类的潜意识中，手被看作自我的指代。“儿童第一次向物体伸出小手，对用手的冲动代表着‘自我’认识世界的努力，成人应当满心称赞。”②

但是成人在潜意识中试图防范儿童用手来触摸周围的物品，并做出保护这些物品的态度，甚至责骂儿童的触摸行为。这些物品成为儿童的禁忌，禁止触摸使儿童在童年的发育中失去了活力，阻止了儿童用手的劳动，也使儿童觉得，这些物品比自己更有价值、更为宝贵。

“儿童在不断绝望之中不得不明白，他们是唯一一个给周围物品带来危险的人，也是唯一一个不能触动物品的人，是无能的人，比物品更没有价值。”③儿童会产生一种强烈的自卑感，自尊被一点点打破，自信无法建立起来，也就无法唤起责任感。儿童的个性被伤害了。

人类从猿猴进化成人，正是通过用手创造和使用工具；儿童的成长，也需要通过手的劳动来完成。现代社会发明了儿童玩具，部分解决了这一问题，但是还是有许多限制。总体来说，现代社会的儿童在手的活动方

①②③ 蒙台梭利. 童年的秘密 [M]. 梁海涛，译. 上海：上海人民出版社，2012: 177, 84, 186.

面，存在明显的不足。

成人为了节约时间会帮助儿童洗澡穿衣，“任性”的儿童不愿意洗澡、梳头、穿衣，其实是不愿意被摆布，这是人类最初的反抗，是对成人的“摆布”的反抗。手的活动不仅是儿童成长的需要，也是一种心理需要。

儿童劳动不求任何回报，他们是为劳动而劳动，正如春蚕吐丝，是一种无目的性的劳动，是一种内在的快乐；而成人的劳动则如蜘蛛结网，是为了产卵或捕食，充满着功利。“大自然是一位严格的教师，不服从大自然将导致‘发展缺陷’或作用偏离，即导致异常或疾病。”①

所以我认为，治疗儿童心理偏离的有效方法，第一是改变原来的环境，将他从引发偏离的现实中解放出来。第二是让他劳动，劳动创造了人，劳动也可以修复人的心理偏离。人在环境中用手劳动实现自我存在，人在劳动中通过双手完成自我塑造和自我修复。第三是运动。“体育运动不仅有益于健康，还可以激发勇气和自信心，提高意志，唤起人们的极大热情。这意味着心理效果远远超过纯肌体运动的效果。”② 这也可以解释为什么城里的孩子比乡野的孩子心理更加脆弱。“如果我们有在正常情况下本应活动但却不活动的肌肉，那么它不仅会导致肌体衰退，而且心理也会衰退。”③ 所以学校体育课并不仅仅是锻炼身体，培养运动技能，从根本上说是培育人的身心，促进人的身体和精神的健康成长。

现代社会的儿童，大多数是静多于动，大脑的动多于身体的动。结果造成头脑发达，身体孱弱，而身体的孱弱又反过来引起心理的脆弱。

植物与动物的区别，是静与动的区别。植物的“植”意指根植，扎根在土地上；而动物一词，本身就有活动的含义。人挪活，树挪死。对人类

①②③ 蒙台梭利．童年的秘密 [M]．梁海涛，译．上海：上海人民出版社，2012: 217, 98, 99.

来讲，活动是生命的源泉和生命存在的方式。生命在于运动。

四、真正地爱孩子

过快的社会生活节奏和信息社会的来临，也让儿童的生存环境日益恶化。“文明慢慢剥夺了儿童的社会环境。一切变得过于有章法、封闭和快速。不仅成人生活的快节奏成为儿童的障碍，而且机器时代的到来，像刮起的一阵狂风，甚至卷走了儿童最后得以庇护的角落。”①

网络时代的信息泛滥更是加剧了这一状况。现代生活的快节奏，也破坏了家庭生态。在一个三口之家，父母忙于工作，孩子更显孤独。“儿童在世间却是一个流亡者，一个没有活力的人，一个奴隶。没有人想到要为他们创造适宜的环境，没有人反思他们需要行动和劳动。”② 在成人世界里，儿童被遗忘，如同被流放，他无家可归。“社会没有感觉到责任，把儿童抛给家庭照顾，而家庭又把他们交给社会，社会又推给了学校。”③

这对我们的家庭教育、社会教育和学校教育提出了严厉警告。悲哀的是，蒙台梭利一百多年前警告的现象，至今似乎并无多少改观。这需要成人和教育者认真内省和反思。

所以，教育者要以“理性的纯洁”和“精神的谦卑”去保护和扶植儿童，像呵护花瓣中的花蕊，去呵护儿童的成长。这既是成人的使命，也是教育的目的。

蒙台梭利提醒我们，发怒与傲慢是教师应该摒弃的两种心理状态，虽然教师不能忘记自己有教育的责任和使命，不能放纵学生的所有言行，但

①②③ 蒙台梭利. 童年的秘密 [M]. 梁海涛，译. 上海：上海人民出版社，2012: 210, 211, 240.

是仍然需要保持谦卑和心怀仁爱。“儿童的意识中充满着爱，儿童用爱实现自我。”[①] 这种爱类似于新奇、好奇。儿童的爱是出自自然的天性，大家都认为应该教会儿童去爱，其实反倒是成人需要被教育如何真正地爱孩子。

五、结语

在人类教育史上，卢梭第一次发现了儿童，肯定了儿童的内在价值；蒙台梭利重新发现了儿童，进一步提出“儿童是成人之父”，掀起了一场儿童教育的革命。她从生理与心理层面出发，以社会学和教育学的视角，揭示了童年的秘密，提出以儿童为中心的教育观。

“让儿童当我们的教师，因为在儿童身上隐藏着我们人性的秘密。”[②] 其实，在蒙台梭利之前若干年，英国湖畔诗人威廉·华兹华斯的一首诗《彩虹》，早已给了我们相同的启示：

儿童是成人之父。
我希望在我的一生里，
每天都怀着（对儿童）天然的虔敬。

①② 蒙台梭利. 童年的秘密 [M]. 梁海涛，译. 上海：上海人民出版社，2012: 105, 230.

回首已是百年春[①]

我相信教育是社会进步和变革的基本方法。

——杜威

一、参访故地

纽约的春雨也似江南，淅淅沥沥。

到美国哥伦比亚大学参访，特地来到教育学院。我是怀着朝圣的心情而来的。不仅是因为杜威曾经在此工作过，更重要的是中国近代的教育先贤，如陶行知、胡适、张伯苓、蒋梦麟等均曾在此读书修学，他们都是杜威的及门弟子。

遥想当年，这些人跟随杜威求学。他们怀揣教育梦想，探求教育真知，践行老师的理论："我相信教育是社会进步和变革的基本方法。"如今杜威的这句话仍然刻在哥伦比亚大学教育学院门厅的墙上。

后来，他们归国后，正是循着杜威的教育改造社会的思想，参与教育救国运动。蒋梦麟、胡适先后任北大校长，张伯苓创办南开中学、南开大学，陶行知则倾心乡村教育和师范教育，最后以身殉教。他们开创了中国近代教育，对近现代中国社会影响深远。

---

① 本文为《民主主义与教育》读书札记。

李希贵校长十几年前也曾在此做过访问学者。甚至我们可以说，他也是延续了杜威的教育余脉，并在中国当代基础教育的转型中，起到了重要的引领作用。

巧合的是，我们参访哥伦比亚大学教育学院的日子（2019 年 4 月 30 日），正是杜威来华 100 周年纪念日。100 年前，杜威来到中国，周游两年之久，传播自己的教育思想。100 年后的今天，我们来到杜威工作的地方参访。

杜威先后在哥伦比亚大学工作了 26 年（1904—1930）。在这里，他与一批教育史家、比较教育学家和教育心理学家一起，共同铸就了哥伦比亚大学教育学院的黄金时代。他在这段时间完成了名作《民主主义与教育》，并创立了著名的实用主义教育哲学体系。

哥伦比亚大学是美国历史最悠久的五所大学之一，也是培养诺贝尔奖获得者最多的大学之一。这所大学还走出 5 位美国开国元勋，奥巴马、罗斯福等 4 位美国总统，10 位美国最高法院大法官。

介绍学校情况的学生告诉我们，学校非常重视学生的通识教育，在大学本科前两年注重通过核心课程来培养学生的综合素养。学生要有选择地修习人文、科学、社会和艺术方面的核心课程，这些课程凝聚了人类有史以来的文明和智慧。核心课程是哥伦比亚大学（本科）教育的基石，其目标是为全体本科生（无论其将来的专业或方向如何），提供一个广阔的视野，使之谙熟文学、哲学、历史、音乐、艺术和科学上的重要思想与成就。

建校以来，哥伦比亚大学一直奉行这样的理念。校长布林格先生说："当核心价值逐渐式微时，我们更应勇担重责；当原有的世界分崩离析时，我们更应捍卫信仰。"越是价值多元的时代，我们越是需要坚守核心价值观。

再过两周，学校就要举行毕业典礼了，校园中已经弥漫着庆祝与别离的氛围。雨后晚樱飘零，落红如梦。

二、儿童中心的教育思想

1919 年 4 月 30 日，杜威应中国五大学术团体的邀请，从日本抵达上海，开始了为期两年的中国之旅。他先后在北京、南京、杭州、上海、广州等地讲学，由胡适、陶行知等弟子担任翻译，把民主与科学的思想直接播种在中国。杜威夫妇本打算在中国待半年时间，后来他们变更了计划，决定在中国停留一整年。之后，又延长到两年，最后他们总共待了两年零两个月。

杜威的中国之行，是中国近代教育史上的一个重要事件。他的教育思想，对 20 世纪上半叶的中国教育界和思想界，产生了重要的影响。

在世界教育史上，有一个人物无论如何都绕不开，那就是杜威。甚至我们可以说，杜威是教育史上的一个转折性人物，他承前启后，既是传统教育的改造者，也是新教育的拓荒者。

他的教育思想承继着自卢梭以来的儿童中心的思想。儿童中心论并不是杜威的首创，但是他系统地论述了儿童中心的教育思想，为现代教育扛起了一面大旗，成为美国进步主义教育改革的先驱。他的教育思想对美国以及全球的现代教育，产生了重大而深远的影响。

如今重读杜威的著作，深感他的许多教育思想，至今仍然有很强的现实指导意义。

什么是教育？杜威提出教育即生活。“只有通过共同生活情境中的要求来对儿童的能力提出挑战的教育，才是唯一真实的教育。”①

“如果教育者的努力不与儿童主动而独立进行的一些活动联系起来，那么，教育就会变成外来的压力和强迫。这样的教育固然可能产生一些外在的效果，但鲜能称为教育。”②

什么是学校？他认为社会即学校。“学校主要是一种社会组织。教育是一种社会过程，因此，学校是社会生活的一种形式。”“学校必须呈现现在的生活，对于儿童来说应该是真实而生气勃勃的生活，就像他们在家庭里、在邻里间、在运动场上所经历的生活那样。”③

“当前教育上大多数的失败，是由于忽视了把学校作为社会生活的一种形式这个基本原则。”④

杜威认为学校教育是促进社会进步的重要力量。“在理想的学校里，个人主义的理想与社会主义的理想之间应该处于一种和解状态。”⑤在这个过程中，教师肩负着重要使命，“教师不仅仅是在培养个体，同时也在培养正确的社会生活”。“每个教师都应该认识到自己职业的尊严；教师是社会的公仆，被专门从人群中选出来担负维持正当的社会秩序并确保社会健康发展的使命。”⑥

关于教材如何心理化和兴趣化，他认为应该将学科知识恢复到经验之中，恢复到它被抽象出来的原来的经验之中，必须将其转化为直接的和个人的经验，在这种经验中有着知识的根源和意义。在他看来，经验的逻辑并不注定与心理的逻辑相对立。

他特别重视思维的培养。“学校为学生所能做或需要做的一切，就是

①②③④⑤⑥　杜威. 我的教育信条——杜威论教育 [M]. 彭正梅，译. 上海：上海人民出版社，2013: 1, 2, 3, 4, 10, 11.

培养他们思维的能力。”[①] 思维的要素与教学的要素是一致的。

他认为自由的教与学才是真正的教学。“否则，他表面上的注意力，他的温顺驯良，他的一切记诵和复述，都将带有理智上的奴性。”[②] 自由可以使学生展现真实的个性。“强迫的安静和强迫的恰当行为会阻止学生真实本性的流露，他表现出来的只是表象而不是本性。”[③]

这些教育思想历经时间的淘洗而未减色，至今仍熠熠生辉，蕴含着教育的智慧，闪耀着哲学的光芒。

三、学校教育中存在的二元分离问题

100 多年过去了，杜威提出的学校教育中存在的诸多问题，尚未完全解决，有些问题依然如故，鲜有改观。

学校教育中经常存在身心二元分离的问题。似乎儿童的学习纯粹是心智活动，而与身体无关，甚至存在抑制学生身体的活动。我们“不是教育儿童负责有意义地、雅致地使用他们的体力，而是教育他们克尽不发泄体力的义务”。[④] 儿童有好动的天性，如此则要么是消极地使用自己的身体，要么是爆发出无意义的身体行为。学生之所以违纪，其实正是对这种身体抑制的反应。

学校教育中还存在着知行二元分离的问题。道德教育变成了“关于道德”的教育，变成了“道德知识”的教育，而且这种知识是间接的，而不

---

①②④ 杜威. 民主主义与教育 [M]. 王承绪，译. 北京：人民教育出版社，2001: 167, 323, 155.

③ 杜威. 我的教育信条——杜威论教育 [M]. 彭正梅，译. 上海：上海人民出版社，2013: 262.

是直接的经验。于是，知与行分裂了。虽然也许他自己“并没意识到这种分裂，结果造成无意识的虚伪和性情的不稳定”。[①] 这既是知行的二元分离，也是教育与生活的分离。

学校课程与教学中存在着学科逻辑与心理逻辑的分离。比如，历史的学科逻辑是从古到今，从中国到世界；而儿童的认知逻辑是从现在逐步推向过去，从此地逐步向外推向远方，从家乡推到国家再到世界，从个人到家庭再到社会。我们的课程和教材大多是取前者，即学科逻辑。这种逻辑往往将学科知识与学生的生活情境隔离开来，形成两个互相分离的世界。“日常经验也没有因得到各方面的联系而扩大它的意义；所学习的东西和他目前的活动没有关系，没有生气，也不真实。”[②] 在这样的教育之下，学生懂得远古人类的历史，却不知道自己家族的过去；知道遥远国度的历史，却不知道自己家乡的历史变迁；学习了中国地理和世界地理，出门却分不清东南西北。

学校教育中存在着控制过度而指导不足的问题。教育是指导而不是控制。对于控制，我们必须区别身体上的结果和道德上的结果。从道德上看，控制并不会产生道德意义上的服从。

四、结语

杜威先生归国的时候，胡适写了一篇短文《杜威先生与中国》，为之送行。他说：“我们可以说，自从中国与西洋文化接触以来，没有一个外国学者在中国思想界的影响有杜威先生这样大的。我们还可以说，在最近

①② 杜威. 民主主义与教育 [M]. 王承绪，译. 北京：人民教育出版社，2001: 253, 225.

的将来几十年中，也未必有别个西洋学者在中国的影响可以比杜威先生还大的。”

100 多年过去了，杜威的教育思想，仍然值得我们重温；胡适的这番话，仍然值得我们深思。

世上已无陶行知①

我们深信教育是国家万年根本大计。

——陶行知

如果要在中国找一位像杜威、苏霍姆林斯基一样的教育家，非陶行知先生莫属了。陶行知（1891—1946）是杜威的弟子，他继承了杜威的教育改造社会的思想。但我却觉得，他对教育的热爱，他的教育情怀，更像苏霍姆林斯基。

一、不迷信、不盲从的陶行知

陶行知先生极富创造力，他既不因循守旧，也不崇洋媚外。

陶行知先生早年专攻王阳明的学说，后来又浸渍于杜威的实用主义教育思想，最后推陈出新，提出新教育思想，终成一家之言。由是观之，只有具备深厚的旧学底子，才可能批判地吸收旧学的精华；唯有深研西学的门道，才可能批判地吸收西学的真谛。美国科学家富兰克林说："空袋子不能直立。"那些既无旧学功夫，又未接受西学熏陶的人，大概也谈不上有所创新了。

① 本文为《中国教育的觉醒》读书札记。

陶行知先生具有不迷信、不盲从的科学精神与追求真理的勇气，因此才能够颠覆他老师的学说。王阳明说“知者行之始，行者知之成”；陶行知偏要翻过来说，行是知之始，知是行之成，并将自己的名字由“知行”改为“行知”。杜威说，教育即生活，学校即社会；陶行知偏要倒过来说，生活即教育，社会即学校。真的是“吾爱吾师，吾更爱真理”。1928 年，杜威曾说：“陶行知是我的学生，但比我高过千倍。”其时陶行知不过 37 岁，也正是这个时候，他翻转了老师的学说。

二、穿越时空的教育思想

陶行知的教育思想是后现代的。他认为学校是为学生而设，“若无学生，焉有学校？既无学校，焉有教师？”① 他重新定义了三者之间的关系，认为学校的一切都是为了学生而存在。可是我们今天还在讨论：究竟是为了学生还是为了学校？教师第一还是学生第一？

他认为，“教育为改良社会而设，为教育社会人才而设”②，继承了杜威的民主主义教育思想。

他提出实践教学的方法，怎样做事就怎样教学，教学做合一，教学做的中心就是事情，也就是实际生活，“行动是思想的母亲”。③

他提出共同生活的概念，也与 20 世纪 70 年代联合国教科文组织发布的报告《学会生存——教育世界的今天和明天》中所提的“学会共同生活”相通。

他提出积极教育的方法，即抑恶自扬善始。他认为人若有缺点，去克服这个缺点是消极的办法，积极的办法是让他去做好的事情，从而获得外

①②③ 陶行知. 中国教育的觉醒 [M]. 北京：群言出版社，2013: 28, 28, 244.

在的激励，并在激励中获得成功的体验，从而逐渐改变存在的不足。

他提出智育注重自学，体育注重自强，德育注重自治。关于学生自治，他认为“学生自治，不是自由行动，乃是共同治理；不是打消规则，乃是大家立法守法；不是放任，不是和学校宣布独立，而是练习自治的道理”。①比如，我们在学校管理中，可以划出一部分事情让学生自己治理，如手机问题、校服问题等，这些与学生生活息息相关的事，也许他们自己共同制定的规则，更近情，更易行。“民主是一种新的生活方式……我们必须在民主的新生活中学习民主。”②关于平等与自由，他提出“在立脚点谋平等，于出头处求自由”。③这也是很现代的理念。

关于开放教育，他提出：“我们要学校生活长得敏捷圆满，就得要把他放在光天化日之下。太阳光底下可以滋长，黑暗里面免不掉微生物……学校放在太阳光里必能生长，必能继续不断地生长。”④

他的教育思想起点很高，仿佛天外来客，纯粹、高尚、无半点杂质，没有丝毫那个时代的污染，如一颗颗晶莹的明珠，虽经时代的淘洗与沉淀，仍旧熠熠生辉，历久弥新。一个真正的教育家，他的思想一定是穿越时空的，如卢梭、杜威、苏霍姆林斯基、蒙台梭利等，无不如是。

三、令人感佩不已的教育情怀

“男师范生应以教育为之妻，女师范生应以教育为之夫，有此定力，则赴汤蹈火，在所不辞，鞠躬尽瘁，死而后已。……海可枯而吾之志不可枯，石可烂而吾之志不可烂。”⑤陶行知的教育情怀，令人感佩不已。终

①②③④⑤ 陶行知. 中国教育的觉醒 [M]. 北京：群言出版社，2013: 52, 389, 159, 122, 29.

其短暂的一生，他正是以此教育情怀，赴汤蹈火，鞠躬尽瘁，最后以身殉教。

他提出教育是立国的根本。1926 年，他写下“我们深信教育是国家万年根本大计……我们深信如果全国教师对于儿童教育都有‘鞠躬尽瘁，死而后已’的决心，必能为我们民族创造一个伟大的新生命”等 18 个信条，今天读来，仍然激动人心。

他奉行教育是改良社会的武器，并投身乡村教育、生活教育、普及教育、国难教育、旅行教育、战时教育、创造教育、民主教育、建设教育的实践与研究。

他提出以教学法代替教授法，在南京高等师范学校校务会上辩论两个小时仍不被采纳，遂拒不接受教育专修科主任职务。其风骨可见一斑。

“高尚的生活精神不用钱买，不靠钱振作，也不能以没有钱推诿……高尚的精神如同山间明月、江上清风一样，是取之不尽，用之无穷的……有钱而无精神和无钱而有精神的学校，我都见识过。精神是不靠钱买的。精神在我们身上，我们肯放几分精神，就有几分精神。”[①] 此精神而今也告稀缺。

四、教育践行者

陶行知是一个教育践行者。

“从事社会改造的人，要远处着眼，近处着手。”[②]“远处着眼，近处着手，改造社会环境要从改造学校环境做起。全校师生应当以美术的精神共同改造学校环境。凡应当改造的，一丝一毫都不肯轻松放过，才能表现

①② 陶行知. 中国教育的觉醒 [M]. 北京：群言出版社，2013: 122, 103.

真精神。师生不能共同改造学校环境而侈谈社会改造，未免自欺欺人。”①

他强调工具的重要性：“教育有无创造力，也只需看它能否发明人生新工具或新人生工具。中国教育已到绝境，千万不要空谈教育，千万不要空谈生活；只有发明工具，制造工具，运用工具，才是真教育，才是真生活。”② 这话可谓切中肯綮。时至今日，这仍然是我们面临的大问题：好的理念如何落地，好的目标如何达成？我们缺乏具体的工具、策略与方法。学者教授似乎不屑于研究这些工具，基层的教育工作者则缺乏这方面的意识与能力。我们今天缺乏的不是理念和理论，而是理念与实践中间的工具、方法和脚手架。

五、斯人已逝，精神永存

陶行知先生于 1946 年 7 月 25 日突发脑溢血，以 55 岁的壮年，逝世于上海。奇怪的是，先生仿佛有所预感，他在 7 月 16 日写给育才学校全体师生的一封信中，有这样一段话：“公朴去了，昨今两天有两方面的朋友向我报告不好的消息。如果消息确实，我会很快结束我的生命。深信我的生命的结束，不会是育才和生活教育社之结束。”③ 这是他生前最后一封亲笔信，不知道他信中所说的“结束我的生命”具体所指，可是，这真的是一语成谶，9 天后，他不幸离世。

陶行知去世的时候，他的老师杜威与克伯屈联名发了一个电唁，电文中写道：“我们为陶行知而感到无比光荣，因为他为了更好的教育而做出

①②③ 陶行知. 中国教育的觉醒 [M]. 北京：群言出版社，2013: 121－122, 153, 393.

了常人无法想象的、英雄般的牺牲。我们仍活着的人们必须永远记住他及他的伟业。”

斯人已逝，精神永存。我们今天重读陶行知，可以承续杜威以来的现代教育思想，也可以重拾苏霍姆林斯基以来失落的教育情怀。

教育从何处出发[①]

儿童不是通过痛苦的经历，而是通过幸福和健康的体验去掌握美德的。

——罗素

一、当我们谈论教育的时候，我们在谈论什么

当我们谈论教育的时候，其实我们是在谈论儿童。童年是一个什么阶段？是成年的准备，还是具有独立的价值？我们要将儿童培养成什么样的人？如何从儿童的本性出发设计教育的内容、方法和路径？

儿童观是教育观的逻辑起点，教育观是建立在儿童观的基础之上的。从卢梭到洛克，从蒙台梭利到杜威，他们的教育思想都是以儿童为出发点的，他们的教育观也就是他们的儿童观。

罗素是 20 世纪著名哲学家，他在数学、逻辑学等领域也有卓越建树，还获得了诺贝尔文学奖，以博学多识赢得“当代亚里士多德”的美誉。罗素在 1926 年写成《论教育：特别是幼儿教育》。在此书中，他以哲学家的深邃、数学家的严谨、文学家的情怀，提出了自己的教育观。他指出，教育应从儿童的本性出发，为人的美好生活服务。

① 本文为《罗素论教育》读书札记。

二、教育应从儿童的本性出发

教育的出发点是儿童的本性。教育不可违反儿童的本性，这是教育的信条。罗素认为：“无视儿童的本性，或希望儿童的本性是别种东西，均属徒劳。”①

比如，私心是人之本性。因此在教育中，既要反对狭隘的自私，也不要过分倡导自我牺牲。因为自我牺牲精神并不是人类的本性，虽则有些人身上有这种美德，但这并不是每个人都具备的通性。罗素也持此观点，他说：“无论如何，自我牺牲不能成为真正的信条，因为它不可能普及。”②

自私是儿童狭隘的本性，自我牺牲则可能因为难以普及而成为虚假的道德，虚假的道德犹如花瓶中的假花，虽则漂亮却没有芳香。虚假的道德容易形成知行分裂、表里不一的两面人格。

儿童需要培养的观念应该是公正，而不是自私或者自我牺牲。罗素认为：“每个人在世界上都拥有一定的权利，维护自己应得的利益不应被视为罪恶。”③每个人得到自己应得的东西，是一种公正的理念。“公正才是我们应当努力灌输到孩子思想及习惯中去的观念。”④公正恰恰是保护个人利益的最佳途径。从私心出发，导向公正观念的培养，符合人的本性。

比如爱国，我们应该首先引导儿童自爱，然后教育他爱自己的父母，进而引导他学会爱他人，长大了热爱自己的城市，热爱自己的祖国。从引导儿童自爱出发，逐步培养其爱国之心，才符合儿童的本性。

---

①②③④ 罗素. 罗素论教育 [M]. 杨汉麟，译. 北京：人民教育出版社，2009: 98, 99, 98, 99.

三、教育应该引导儿童内心建设性的一面

儿童的行为有两种形式，一种是破坏，一种是建设。建设和破坏都是儿童行为的本性，每个儿童的内心都有破坏性的一面。“建设和破坏都能满足获得权力的意志，但作为一种常规，建设显得更为困难，因此能给在这方面取得成就者以更多的满足。”[①] 因此，教育应该着眼于引导儿童内心建设性的一面。

由于破坏比较容易，因此儿童的行为通常由破坏开始，以后才逐渐转为建设。有些有行为问题的儿童，往往是出于某些原因，其行为尚处在破坏性的阶段，其建设性的一面一直被压抑，没有被顺利地引导出来。我们不能将其简单地定义为品行问题，而是要帮助儿童体验建设的快乐与成就，引导出其内心建设性的一面。

儿童看见别的小朋友在沙滩上用沙子堆建各种造型的沙堆时，会有冲动去破坏别人的成果。这是他内心破坏性的一面。若成人引导他自己也堆一个沙堆，引导他内心建设性的一面，让他体验建设的快乐，他就会形成保护和珍惜自己乃至别人劳动成果的意识。

罗素认为，儿童正是“由于经历了建设的快乐，而催生了诸多美德的嫩芽”。[②] 所以，改变问题儿童，不仅仅要改变他的不良行为习惯，更重要的是挖掘和发扬他某些方面的优势，让他感受到建设的快乐，然后逐渐重新调整和建构自己的行为。

我以前听南京市第十三中学屠桂芳校长讲述了一个教育案例：学校发现经常有学生偷偷将灭火器中的干粉倒出来，弄得到处都是。政教处的老师觉得这是恶劣的破坏行为，准备通过监控视频调查肇事的学生，对其进

---

①② 罗素. 罗素论教育 [M]. 杨汉麟，译. 北京：人民教育出版社，2009: 91, 92.

行违纪处理。屠校长认为这不过是学生的恶作剧，也许他们只是对干粉灭火器好奇而已。他要求保卫处将过期的干粉灭火器集中起来，组织学生们进行现场消防灭火演练，让大家都有机会亲手操作一下，满足一下好奇心。自此以后，这样的破坏行为再也没有发生过。这不是学生的品行问题，只是他们的好奇心，或者是内心的破坏性欲望在作祟而已，我们可以通过一种健康的渠道来引导学生的行为。

学校走廊的大白墙，可能让学生有留下脚印的破坏性冲动。如果让学生们自由地在这些大白墙上涂鸦，学生可能就不会故意留下脚印，因为他内心的破坏性已经被引导到建设性上来了。青岛中学让学生在白墙上涂鸦，让低年级的学生在校园的窨井盖上作画，也是培养其内心建设性的做法。

儿童进入花园后的第一个冲动，是采摘美丽的鲜花，这也是一种破坏的欲望。“通过禁令而扼制这种行为并非难事，但从教育的角度而言，仅仅禁止并不是合适的举措。人们需要在儿童的身上培养那种同阻止成人随意采摘一样的对待花园的爱护之心。”①

所以，对待电子产品和网络游戏等教育问题也是这样，简单的禁令并不是教育，只是培养冷漠的正确。“如果教育只是以避免错误为主要目的，就只会制造智力上的冷血类动物。”② 我们不能因为少数学生不能正确使用电子产品，就禁止电子产品的使用。教育的职责是帮助学生在自由中学会自律和自主，应始终着眼于培养学生内心建设性的一面。

①② 罗素. 罗素论教育 [M]. 杨汉麟，译. 北京：人民教育出版社，2009: 92, 94.

教学是无止境的相遇[①]

> 真正好的教学不能降低到技术层面，真正好的教学源自教师的自我认同和自身完整。
>
> ——帕克·帕尔默

与国外关于教学的专著一般佶屈聱牙不同，帕克·帕尔默的《教学勇气——漫步教师心灵》行文简洁，叙事亲切，举例真实，分析中肯，很接地气。我认为这本书是最适合中国人读的关于课堂教学的国外著作之一。帕克·帕尔默关于课堂教学的价值取向，很适合中国教师借鉴。

一、互动性：教学是对话与倾听

“教学即对话”既是一种教学理念，也是一种教学行为范式，揭示了教学活动的本质。教学活动就是通过对话让教学主体之间以及个体与人类文化之间实现生命精神能量的转换，促进个体生命质量的不断提升的活动。

我听过一些课，自己也上过课。感觉现在大部分中小学的课堂其实改变得很少，教师在课堂上还是一个独行客，教学的理念还是传统的独白。

① 本文为《教学勇气——漫步教师心灵》读书札记。

教师与学生之间有隔膜，与学科之间有隔膜，甚至与自己之间也有隔膜。有的课堂没有学生的参与，甚至没有学生的关注，教师甚至已不是表演，而是自编自导，自演自看，自说自话。

课程改革的关键在教师，在于教师教学观念与教学行为的改变，人没改变，什么都不会改变。课程改革的关键在课堂，在于课堂上教的方式和学的方式的改变，课堂没改变，什么都不会改变。我们的课程改革，有的可能还是穿旧鞋走老路，有的可能是穿新鞋走老路。

若一个生活在100年前的人来到今天的社会，他会觉得变化很大；但当他来到学校的课堂，也许会发现变化很小。

教学对话是双向的乃至多向的思维交流与互动，是师生之间思维的碰撞与交流，而不是单向的传输与接受。我们的教师总是讲得太多，但并没认识到自己讲得太多。在课堂上，学生的思维过程暴露不够。对于学生对这个问题究竟是怎么想的，教师的关注不够。对于学生的“相异构想”，教师的关注不够。教师只说不听，学生只听不说。这是教与学的分离。

教学既可以是显性的对话，也可以是缄默的对话。课堂上的沉默是有价值和意义的。帕克·帕尔默说：“我最感兴趣的沉默却是讨论过程中的沉默、观点形成时的沉默或一个问题提出来但没有引起即刻回应的那种沉默。时间一分一秒地过去，空间愈发寂静，我对于沉默的价值的信念也在经受着考验。正如大多数人一样，我习惯于将沉默视为某处出了错的征兆……在我打破沉默的那一刻，我阻止了所有真实学习的机会。当我的学生知道我总是把自己的想法灌输给他们的时候，他们怎么会静心思考他们自己的想法呢？”[①] 所以，对话的课堂并不一定是热闹的课堂，安静的课

① 帕尔默.教学勇气——漫步教师心灵[M].吴国珍，余巍，译.上海：华东师范大学出版社，2005：83-84.

堂同样可以发生思维的对话。正如佐藤学警告的那样，要警惕所谓的主体性神话、虚假主体性、热闹的发言、高频率的活动、花哨的课件以及无意义的问题等，一味强调学生的主体性，容易造成质量低下、表面化、浅薄和贫乏。

没有倾听就没有对话。教重要的在于听，学重要的在于讲。教师要学会倾听，关注学生的认知存在哪些问题，教学才更有针对性。学生如果有机会将学习内容表达出来，那么知识的内化程度会更高。在课堂上教师要知道学生思维的坎儿在哪儿，一是凭多年的经验，二是通过课堂上学生对问题的回答来判定。教师要帮助学生迈过去，这一点很重要，这是教学的功力所在。“一个好老师能够倾听学生甚至尚未发出之声音。”[①]

教师提问，学生回答问题，也是一种重要的倾听方式。要激发学生的问题意识，并且让其在解决问题的过程中展现思维过程，暴露思维困顿；同时，一定要让学生参与问题的解决，教学是对话而不是独白，学生参与才能生成更多的东西。因此，教师提出的问题要有思维价值，教学的目的并不是解决问题本身，而是通过问题的解决来培养和训练学生的思维。这样的课堂或许能引人入胜。

教学要尽可能暴露学生的潜意识，尤其要关注“相异构想”。提问学生不仅是追求学生的正确回答，重要的是暴露问题、引发问题，然后解决问题。教师提问对象的选择很有讲究。提问好的学生，只是通过学生的回答来代替教师的讲解，并无特别的价值；提问中等偏后的学生，充分暴露他在思维过程中的问题，然后再帮助他澄清，这样的提问与解惑才有针对性和有效性。教师自问自答是最差的办法。

---

① 帕尔默. 教学勇气——漫步教师心灵 [M]. 吴国珍，余巍，译. 上海：华东师范大学出版社，2005: 47.

一般的课堂提问模式是：教师提问——学生回答——教师评价。我们能不能改变这种单一的模式？我们的课堂能不能让学生发问，而不仅仅是教师提问？学生习惯于课后私下向教师提问请教，其实当堂发问可以让其他学生共享问题及问题的解决，并引发更多的问题。

这样引起的对话就不仅是师生之间的对话，还是学习共同体之间的公共对话与共同建构。“当我把学生的眼睛从只看着我转向彼此互相注视时，学生会学到更多。”[①] 教学中的问题是最有价值的，来自学生的问题更值得鼓励。有些教师或许没有让学生在课堂上提问的习惯，或许担心回答不了学生的问题；而且我们在课堂上讲得太多，似乎也没有足够的时间留给学生提问。学生则害怕因为提的问题没有价值而被同学哄笑，其实课堂上没有愚蠢的问题，学生在学习中遇到的问题都是有价值的。

教师在头脑中假想的学生可能存在的问题，永远是假设的问题；学生暴露的问题才是真实的问题。有功力的教师能发现学生学习中易错的地方，予以点拨；功力一般的教师是通过学生对课堂问题的回答或作业来发现问题之所在；功力最差的教师不知道学生会有什么问题，也不知道问题在哪里，只顾自己去讲，他相信讲过了学生就懂了，结果可能是他已走得很远，学生还被丢在后面，甚至原地不动。

在教学的过程中，师生要共同解决问题。好比探险，老师带着学生一起去探险，而不是老师探险给学生看；好比做饭，是师生共同去做一顿饭，而不是老师做好饭让学生来吃。在教学过程中一定要让学生参与问题的解决。教学就是设疑、激疑、探险、解惑的过程。在这个过程中，师生进行思维交流，产生了对话。

---

① 帕尔默. 教学勇气——漫步教师心灵 [M]. 吴国珍，余巍，译. 上海：华东师范大学出版社，2005: 134.

二、生本性：一切学习本质上是自我学习

关于教学的主体和中心历来有各种观点，比如教师中心、学生中心、教材中心、问题中心等。帕克·帕尔默提出了“伟大事物”的概念。他认为，课堂教学既不是以学生为中心，也不是以教师为中心，而是以“伟大事物”为中心。课堂教学就是师生共同围绕“伟大事物”进行教学的过程。

何为伟大事物？他似乎又语焉不详，但从他所举的例子中我们似乎可以窥见所指。他举例说，一个医学院教授带一帮学生共同研究一个病人的病历，大家在一起讨论研究，这是一个课堂。在这个课堂中，教授不是中心，学生不是中心，病人也不是中心，伟大事物是中心，伟大事物就是将病人的病治好。似乎他所说的“伟大事物”是超越知识本位、能力本位之上的价值本位，价值所指超越了工具性价值，乃是具有目的性价值的指向。

在我看来，帕克·帕尔默想摆脱“教师中心”和“学生中心”之间的对立与紧张，超越非此即彼的二元论思维，使得“以教师为中心和以学生为中心的教育的最优特质获得融合和超验升华”。[①] 但他似乎又有偷换主题的嫌疑。

从课堂教学主体的层面来看，我认同以学生学习为中心的主张。第一，从教学的目的来看，教永远是为了学，教师永远是为学生的学习服务的。第二，从学习的机制来看，一切学习本质上都是自我学习，学习是同化与顺应的自我建构的过程，教代替不了学。建构主义认为，学习不是教

① 帕尔默．教学勇气——漫步教师心灵 [M]．吴国珍，余巍，译．上海：华东师范大学出版社，2005: 117.

师向学生传授知识，而是学生建构自己的知识的过程，学习者不是被动的信息吸收者，相反，他要主动地建构信息的意义，这种建构不可能由他人代替。新旧知识经验的相互作用正是知识建构的机制，新知识经验正是在旧知识经验的基础上“生长”出来的。理解依赖于个人经验，中世纪的意大利人根据《马可波罗行纪》凭想象把中国苏州画了出来，今天看来却完全是威尼斯的翻版。第三，从教学的策略来看，教师的资源红利是有限的，而学生的自主性潜能是无限的。再好的学校，也不可能每个教师都是名师，单纯指望和依赖教师的教学水平，从目前中小学的实际情况来看，是不切实际的；而学生的自主性学习蕴含的潜能是无限的。所以，应该强调学生的自主学习，以学定教，最大限度地激发学生自主学习的潜能，真正将学生置于教学的中心和主体位置。

课堂不是教师表演和自我展示的舞台，而是学生学习的场所。教师的讲解，只应该是牵引学生思维的工具，而不是教学本身。教学的本意是师生思维的互动，本质上是一个思维碰撞的过程，要让学生去认知、理解、建构知识，就需要学生思维的全面参与。引发学生的思维活动，是教学的本质。从这个意义上讲，课堂上学生如果没有动脑，只是听听、记记，教学就没有发生。一切学习本质上都是自我学习，因为知识的掌握本质上是自我建构。教师要为学生的自我建构提供支架和台阶，而不能代替学生完成知识的建构。

网络上有人模仿任贤齐演唱的《心太软》，演绎出课堂版的《心太软》：“你总是心太软，心太软 / 独自一个人讲课到铃响 / 你任劳任怨地分析那课文 / 可知道学生心里真勉强 / 你总是心太软，心太软 / 把所有问题都自己讲 / 教学总是简单，交流太难 / 不是你的，就不要多讲 / 铃响了，你还不想停 / 你还要多讲几分钟啊 / 你这样讲到底累不累 / 明知道学生心里在怨你 / 只不过想好好讲透课文 / 可惜学生无法给你满分 / 多余的牺牲

你不觉心痛 / 你应该不会只想做个‘讲师’/ 噢，算了吧，就这样忘了吧 / 该放就放，再讲也没有用 / 傻傻等待，学生就只会依赖 / 你总该为学生想想未来。”

学生能自己学会的、大部分学生能听得懂的，教师能不能不讲或少讲？学生要先学，也完全可以自学。教师觉得是难点和重点的地方，不一定是学生不懂的地方。一堂好课不一定是讲得完整的课，但是学生也许觉得它是完整的。教学内容要有取舍，试图什么都讲的教师，也许什么都没讲透。教学要留白，给学生留下发挥的余地，留有思考的时间。

好的课堂让学生带着问题而来，带着更深的思考而去，让师生意犹未尽、欲罢不能。所以，好课不是老师讲了多少，而是学生学了多少；好课不是传授了多少知识，而是提出和解决了多少问题；好课不仅是解决了多少问题，而是激发起了学生多少思考。教永远是为学服务的，今天的课堂应该从教学走向学习。

三、思想性：教学要给学生思想的启迪

课堂教学要给学生四种东西：知识结构、核心任务、方法、思想。一是知识结构。布鲁纳曾说：“获得的知识，如果没有完满的结构把它联在一起，那是一种多半会被遗忘的知识。一串不连贯的论据在记忆中仅有短得可怜的寿命。”[①] 没有结构的知识正如一串断线的珍珠。二是核心任务。知识可以通过传授获得，能力只能通过实践活动才能形成。实践活动是能力形成的唯一通道。教学中给予学生一定的活动时间和活动内容，是帮助其将知识转化为能力的必要途径。三是方法。学习有一般性的方法，不同

① 布鲁纳. 教育过程 [M]. 邵瑞珍，译. 北京：文化教育出版社，1982: 48.

的学科又有独特的学科方法，比如，文科的阅读、讨论，理科的实验、练习，艺术、技术、体育的操作等。不同的老师也有自己的独门秘籍。四是思想。学科思想是学科的灵魂所在，比如，语文、英语学科中渗透的人文思想、自然学科中渗透的自然辩证法思想、社会学科中的唯物主义思想等。

深度的课堂对话一定是有思想的，能引发学生的思维困顿与解决。教学的思想性其实就是赋予教学以教育性。

我在美国高中访问时听过一节历史课，老师组织学生讨论："'二战'中美国该不该向日本投下两颗原子弹？如果你是美国总统，你会怎么做决定？"学生分成两组进行辩论，赞成的学生认为，日本侵略别国，犯下了战争罪行，仅在中国南京就屠杀了30多万人，总统当年的决定是正确的，投原子弹使得日本尽快无条件投降。反对的学生认为，当时德国已经投降，美国也已经在太平洋战场上实现反攻，即便不投原子弹，日本也会战败，何况原子弹还造成了日本平民的大量伤亡。还有的学生补充说，投一颗原子弹就可以起到震慑作用了，为什么要投两颗呢？

最后，老师请我总结，我说："任何历史都不可以假设，而且美国总统当年做决策的时候没有你们在课堂上这么轻松，因为他有时间的压力、信息的局限和结果的不确定，但是同学们的讨论很有意义，因为你们的讨论涉及战争与和平以及战争的伦理问题。"

又比如，我在教授甲午战争时让学生了解了战争的背景、原因、结果和影响。据说，日本历史课堂关于甲午战争的教学是让学生讨论："日本在19世纪、20世纪分别和中国有过一场战争，21世纪如果开火，你认为大概是在什么时候？可能的远因和近因是什么？如果日本赢了，是赢在什么地方？如果日本输了，是输在什么条件上？分析之。"我当年的历史教学是将学生引向过去，了解历史，而日本人的历史课堂则是引领学生从历史看向未来。

四、艺术性：拒绝课堂的平庸与无趣

“教学并非一项不复存在的艺术，但尊重它的传统已不复存在。”[①] 教学似乎成了一项技术而不是艺术。好的课堂有个性的魅力。课堂之美体现在哪里？美在精美的板书，精准的语言；美在思辨，条分缕析，丝丝入扣；美在激情洋溢，行云流水，潇洒自如；美在课堂的生成，师生的会心一笑；美在瓜熟蒂落，水到渠成，豁然开朗；美在精巧的课堂引入，教师引人入胜的讲解；美在收放自如、高屋建瓴……

好的课堂教学要拒绝平庸与无趣，要能吸引学生的注意力，牵引学生的思维；好的课堂教学能让学生的思维发散开去，引发学生更多的思考，又能自如地收回学生的思维。好的教师有这样的思维牵引力。正如帕克·帕尔默所比喻的，教师像是牧羊人，牧羊人要将羊群带到有草吃的地方，并随时注意收拢那些掉队的小羊。在课堂上，教师抓住学生的注意力，牵引学生的思维，与学生的思维合拍，这些都很重要。有的教师上课时只重视自己的思维过程，却忽视了学生的思维过程，二者相脱节。这样的课堂教学是无效的，无论教师讲多少，学生原来会的是会了，不会的还是不会。这就像牧羊人不知道羊群有没有吃到草，甚至也不知道有没有小羊掉队。

教师的课堂语言应该清晰、简洁、准确、专业，如果有点儿激情、温情，或者有点儿幽默，那就更有色彩了。理科教师大多比较理性，语言规

① 帕尔默. 教学勇气——漫步教师心灵 [M]. 吴国珍，余巍，译. 上海：华东师范大学出版社，2005: 序 1.

范、严谨，其实也不妨偶然有点儿感性；文科教师大多比较感性，其实也不妨有时更理性、更严谨一点儿。

课堂的节奏感很重要，松紧与快慢、浓墨与留白、写意与写实，张弛有度，章法井然。有的地方要讲透，有的地方点到即可，如文火炖汤，武火炒菜，快慢相宜。

课堂上教师的目光要覆盖全体学生，让每个学生都觉得教师在看自己。如同晚上看月亮，走到哪儿都觉得月亮在头顶，月亮走我也走。当然，更高的境界是，教师没看学生，学生仍觉得教师的目光在注视着他。同样，课堂上的抬头率是衡量教学对话的重要指标之一，若学生的目光齐刷刷地投向你，说明你的教学能抓住多数甚至全班学生。

一堂课 40 分钟够不够？因人而异。好的课堂让人觉得 40 分钟过得很快，没有吸引力的课堂 30 分钟已难以让学生集中注意力。这是课堂的相对论。如果你的教学不是特别引人入胜，建议 30 分钟后要变换教学方式、调节课堂气氛，以重新吸引学生的注意力。

课堂的安全感很重要。这种安全感既是指学生的心理安全，也是指课堂的心理氛围。在有安全感的课堂上，学生会愿意表达自己，甚至会勇于表达自己。这种有安全感的课堂需要教师和学生共同营造，它平等、宽容、民主、轻松、友好、信任……师生的平等对话是教育的起点。

有位物理老师要给初中生讲电学。他手中拿着实验用的电路板，走到教室门口时故意摔了一跤，上课时接上电源后电路板上的灯不亮。学生讨论的热情很高，猜测是因为老师摔了一跤，把某些东西摔坏了，此时老师引入课题。这堂课的导入设计非常成功。其实，这不仅是因为老师摔跤引发了学生的好奇心，也是因为学生愿意让老师和他们一起来建构知识。这是平等对话、自由交流和探索，而不是高高在上的传授和赐予。

所以，建构平等、民主的师生关系很重要。师生关系是教育的第一指标。让学生喜爱老师、喜爱学校，是教育的前提。若学生不喜欢老师、不喜欢学校，教育还没开始，就已经结束了。

当下的学校教育既有暴力，也有冷暴力。陶行知先生说过："你的教鞭下有瓦特，你的冷眼中有牛顿，你的讥笑中有爱迪生。你别忙着把他们赶跑。你可不要等到坐火轮、点电灯、学微积分，才认识他们是你当年的小学生。"执教为师，要有对学生的关爱，对讲坛的热爱。真爱是一切问题的答案。你对待孩子的方式正决定着孩子的未来。你教的方法，也是你教的内容。方法为内容服务，有时候内容附着在方法上。也许从短期来看，教学内容是重要的；但从长期来看，方法或许更重要。教学内容或许会过时，学习方式却会影响学生一生。

功夫在课堂之外。教师在课堂上的表现，只是冰山之一角；上课功夫是备课功夫的体现，备课功夫是平时学习、积累的体现。教师在课堂上的游刃有余，其实是源于课堂之外的不断积累。

五、生成性：生成的东西师生才真正地拥有

《诗经·国风·郑风·野有蔓草》："有美一人，清扬婉兮。邂逅相遇，适我愿兮。"教学本身也是一种邂逅与相遇。"所有真实的生活在于相遇……教学就是无止境的相遇。"①

教学是一段旅程，是师生的相遇，是师生与学科的相遇，是师生与自己内心的相遇。这种相遇是无止境的。教学是一次次抵达，是心灵的抵达，技巧已经退居其次。邂逅与相遇表明的是一种关系的建立。师生在课

① 帕尔默. 教学勇气——漫步教师心灵 [M]. 吴国珍，余巍，译. 上海：华东师范大学出版社，2005: 17.

堂上相遇，就是建立了一种关系，或者说建立了一种人与人之间的关系。关系一旦建立，意义就会产生。好的教师也许不仅让学生与自己相遇，而且给学生提供与他者相遇的机会。好的教师会把富有感染力的能量带进教室，将伟大事物带进课堂，然后逐渐隐身，让学生和自己都隐身在与伟大事物的相遇之中。

在师生无止境的相遇之中，师生之间、学生之间的相异构想和思维困顿会生成很多新的丰富的意义。教师教的东西和学生感受到的东西不同，才会不断地有新东西生成。衡量教学是否有效不仅是看学生得到了什么，还要看学生生成了什么，生成了多少。生成的东西师生才真正地拥有。这种生成是师生的双向建构。

我曾听一位物理教师在讲“光的折射”时，请学生列举生活中光的折射现象。有一位学生说了一句诗“潭清疑水浅”，教师显然读过这句诗，会心一笑。这是教与学的相互激发和双向建构。

现在很多人谈有效教学、高效课堂。其实，我们在关注教学的有效性时必须考虑以下几个问题。

第一，教的效果和学的效果。也许从教师的角度来看，一节课进度很快，实现了教学设计与构想，但是对学生来说不一定是有效的；相反，对教师来说也许一堂课没有能够实现教学计划，没有完成教学设计，但是对学生来说是有效的。

第二，有效性与正当性。即教师是如何实现教学有效性的？是通过延长教学时间、布置大量作业、机械学习、魔鬼训练得来的，还是通过加强备课、注重能力培养、提高课堂实效实现的？手段的正当性影响目的的正当性。

第三，有效性与有益性。对教学来讲，有效的不一定有益，比如应试训练、知识灌输；有益的不一定有效，比如思维训练、能力应用等。

第四，长效性与短效性。教学不仅要关注短效，还要关注长效。或许教师随口说的一句话，就会触动学生的内心，影响他的未来。苏霍姆林斯基说："在课堂上不浪费一分钟，没有一时一刻不在进行积极的脑力劳动，在教育人这件精细的工作中，再也没有比这种做法更为有害的了。"①

所以，教学有效性要处理好教的效果与学的效果之间的关系、有效性与正当性的关系、有效性与有益性的关系、长效性和短效性的关系。

教学的生成性和开放性决定了教学并不存在所谓模式。现在课堂教学模式满天飞。其实，我相信世界上也许根本不存在什么教学模式，也不可能有一种适合不同学科、不同学段、不同课型、不同教师和学生的所谓教学模式。我希望教师不要被僵化的模式所束缚，而要广采众长、为我所用，形成有自己特色的教学风格和多元的教学方法。这也是帕克·帕尔默强调的自我认同和自身完整，即"在他的教学方式和他自身之间找到了一致性"。②"真正好的教学不能降低到技术层面，真正好的教学来自教师的自我认同和自身完整。"③教师有适合自己的教学方式方法，适合的就是最好的。

---

① 苏霍姆林斯基. 给教师的建议 [M]. 杜殿坤，编译. 北京：教育科学出版社，1984: 186.

②③ 帕尔默. 教学勇气——漫步教师心灵 [M]. 吴国珍，余巍，译. 上海：华东师范大学出版社，2005: 24, 10.

警惕教学中的主体性神话[①]

课堂不是教师的独奏，也不仅是师生之间的二重唱，而应该是课堂中多声部的交响乐。

佐藤学在 2003 年写成《静悄悄的革命——创造活动的、合作的、反思的综合学习课程》。通过书中的描述我们可以发现，日本当年的课堂与我国当下的中小学课堂何其相似，存在的问题也大多相同，这是不是与东亚的课堂文化有关？

佐藤学是注重实践研究的学者，长年浸泡在中小学校的课堂中。他所写的是他所见的，有些是他参与实践的，极其真实。佐藤学的观察与描述极其细腻，他的笔法与文风是日本传统风格，淡淡的白描，仿佛校园的浮士绘。

一、课堂教学以何为中心

教学由四要素组成：教师、学生、教材、学习环境。那么，在这四要素中，究竟何者为中心？何者是主体？

① 本文为《静悄悄的革命——创造活动的、合作的、反思的综合学习课程》读书札记。

现代认知心理学认为，学习是学生对世界的意义进行建构的过程，因此，学生是课堂教学的主体，课堂教学应以学生为中心。

但是，佐藤学提醒我们有必要警惕学生主体性的神话，对于学生主体，我们需要再审视。学习只有在与教师、教材、学生、环境的相互关系中，才能够得以生成和发展。

换句话说，学校中的学习，其本质是在教师的帮助下，个体的自主学习和同伴之间的相互合作。

我们是否可以说，课堂教学应该以学生的学习为中心，而不是简单地说以学生为中心？以学习为中心，是相对于以教为中心来说的。从教授走向教学，从教学走向学习，这是课堂教学观的进步。以学生的学习为中心，以解决问题为中心，师生、教材、环境都是为了解决某个问题而存在，由此，师生都是主体，师生之间的关系具有主体间性。

所以，教学是以学生的学习为中心。学生只是教学的一端，而教师是教学的另一端。课堂教学真正的中心应该是学习本身。

二、警惕虚假的主体性

在课堂教学中，我们既要克服以教为中心的传统教学观，同时也要警惕“主体性神话”，避免虚假的主体性或表面的主体性。

虚假主体性的表征之一，是将学生的主体性绝对化，将教学活动曲解为学生自学，无视教师的作用。以学习为中心，不是追求自学和自习，也不是将教室中的学生解体为零散的个体。教师的作用不但不可以消解，反而愈发重要。以教为中心，是教师单向的传输，让学生一起听讲，一起思考，把活动控制在同一个方向上，其实相对简单。以学为中心，教师要围绕大概念设置核心问题，设计核心任务或任务群，提供学习资源、工具和脚手架；教师要组织各种引发学生交往和联系的活动，让学习活动更丰富，让师生之间，学生之间，学生与教材、环境之间，学生与自我之间进行多向度的互动与对话。这样的学习更全面丰富，学生的体验也更深刻。

虚假主体性的表征之二，是将自主学习曲解为个体化的学习活动。以学为中心，不是将学习退回到纯个体的活动状态，不是退回到私塾时一对一的状态。学习是在老师的介入下，学生自主的、合作的活动。从个体出发，经过同伴合作，再返回到个体，这才是学习的本质。学习是社会性的活动，具有社会交往的性质，并非单纯的个体活动。学生在教师的指导下进行合作学习，才是学校存在的理由和意义，单纯个体化的学习可以在学校之外发生。

佐藤学认为，学习是一种互动的、合作的活动，是相互交流、相互探究、相互启发的过程。所以，我们应将教室里的关系构筑成一种学生在相互交往中共同成长的关系。现今的课堂要消灭的是教室里同伴之间的冷漠和隔膜。

虚假主体性的表征之三，是课堂上的教学形式主义：有热闹的发言，却没有深度的思考；有高频率的活动，却没有真正的探究，师生停留在表面的体验层次上，或者只是为活动而活动，陷入活动主义的误区；有单向度的问答，却没有师生之间和生生之间的对话；有无意义的问题，却缺乏思维深度和梯度；有花哨冗繁的课件，却没有给学生预留思考的时间……看起来好像学生动起来了，学生的主体性似乎体现出来了，但深度学习也许并没有发生。

热闹而兴奋的课堂很多时候是肤浅的，而那种让人安心的、无拘无束的、有生命的、有机的课堂，则是润泽的课堂，是有着柔和的呼吸节律的课堂。在这样的课堂里，人与人之间构筑起一种基本的信赖关系。“课堂上出现一种‘灵敏的寂静’的气氛：学生们仔细地倾听着每一句话，你可以逐渐把声音放低……使用人们之间平常交谈的语调。”①

虚假的学生主体性，容易造成课堂教学质量低下和学习的表面化，有可能让课堂教学流于浅薄和贫乏。

三、注重课堂上多维度的对话与交往

课堂教学是师生之间、生生之间多维度的对话与交往。有效对话和交往的前提是倾听，师生都应该注重倾听。“在教室里，倾听的能力培养起来之后，课堂的言语表现才会变得丰富起来，而不是相反。”②

教师要倾听学生有声和无声的语言，要面对每一个学生，与一个一个学生展开对话，而不是将学生作为一个群体来对话。教师的全部身心都要对每一个学生敞开。

“倾听是让学习成为学习的最重要的行为。善于学习的儿童都是善于倾听的儿童。”③教师要倾听学生，学生才会相互倾听。

佐藤学认为课堂上师生对话如同棒球的投球练习，如果教师能准确接住学生投过来的球，包括投过来的差球，学生就会感到快慰。可是我们经常让学生的球落地，没有接住，或者没有用心去接。若学生的投球纷纷落地，学生就会丧气甚至讨厌自己。而且，“只有那些擅长事先了解教师棒球手套状况的学生，才会瞄准教师准备好的手套位置把球投过去”。④

写得多么传神准确啊！我们的课堂不乏这样的学生——猜教师的心事，迎合教师的预设。这是虚假的对话和学习。有些设计好的公开课正是这种虚假的对话，这只是教学的扮演，而不是真实的课堂。

①②③④ 佐藤学．静悄悄的革命——创造活动的、合作的、反思的综合学习课程[M]．李季湄，译．长春：长春出版社，2003: 238－239, 28, 72, 35.

我们应该直面学生的问题和发言，准确地接住，不仅理解学生的发言，还要体味、欣赏学生的发言。这种倾听方式，“不是听学生发言的内容，而是听其发言中所包含着的心情、想法，与他们心心相印”。[①] 这是一种共鸣、共振、共感的对话与交流。注重生成，而不是预定好了一个答案，让学生往上面靠。

课堂上的交往通常被分为四种：单向交往、双向交往、反向交往（被拒绝和阻挡的交往）、异向交往（思路各异的交往）。我认为还应该有一种交往：多向度的交往（师生之间、生生之间的交往），这是我们的课堂所缺乏的。课堂不是教师的独奏，也不仅是师生之间的二重唱，而应该是课堂中多声部的交响乐。

在课堂交往中，异向交往容易被忽略，也容易被抑制，它应该受到我们的重视。重视异向交往，就是要注意倾听不同的声音。比如，学生在列举光的折射现象时说出“潭清疑水浅”，这是课堂上即时生成的相异构想，往往很有价值。课堂应欢迎和悦纳生成性，而不是排斥相异构想。这样的课堂才具有无限的可能性。

“无论什么样的学生的发言或行动，都有他自身的‘逻辑世界’。”[②] 如果教师注重探究学生自身的逻辑世界，那么课堂交往就能有声有色地开展起来；相反，如果教师对相异构想不敏感，或者守着自己的逻辑世界，那么教学就只能顺着教师的路数进行下去，交往可能会变得单薄、肤浅和表面。之前我读到哲学家马修斯的《与儿童对话》一书，书中记录了一位老师与低龄儿童讨论哲学命题的对话。对话就是循着儿童的逻辑展开，生成了丰富的意义。

---

①② 佐藤学. 静悄悄的革命——创造活动的、合作的、反思的综合学习课程 [M]. 李季湄，译. 长春：长春出版社，2003: 37, 49.

重建学校的异质性①

以往学校教育的最大错误之一，就是把学校的中心目标视为缩小每一个儿童的差异。

——佐藤学

一、多样性是教育的起点

学校本质上是一个异质性的存在。作为学习共同体，学校的最大特点就是异质性，即多样性和有机性。

多样性是一个良好的生态系统的重要特征，学校也是如此。世界上没有两片完全相同的树叶。在学校这个生态系统中，每个儿童都是不一样的个体。

从学习共同体的视角出发，学生个体之间的差异，不仅不是问题，反而是宝贵的教育资源。学生个体正是在差异中建构自我，同时完成对他者的建构。从合作学习来看，知识是分布式的，不同的个体通过差异化的合作，完成对世界和知识的共同的意义建构。这是学校存在的目的。学校的存在，就是为不同的学生提供共同学习的机会，并让其在共同学习中实现个性化的成长。

① 本文为《学习的快乐——走向对话》读书札记。

多样性是教育的起点，也是教育的目的。学校教育的目的是将每个个体培养成他自己。而我们过往和现在的教育，企图将不一样的儿童培养成同样的人。这已经不是教育，而是工业流水线的生产。叶圣陶先生曾说：“教育是农业，不是工业。”其中的一个重要隐喻是因材施教，而不是按照同一个模子去塑造儿童。

佐藤学批评道：“以往学校教育的最大错误之一，就是把学校的中心目标视为缩小每一个儿童的差异。”①

在教育的大系统中，不同的学校之间也具有差异性和多样性。千人一面、千校一面不是健康的教育生态。我们的中小学校目前同质化倾向严重，缺乏特色和多样性，在课程与教学、教育与管理方面存在严重的同形复制现象。

目前兴起的一些小微学校如探月学院、一土学校等，颇具特色。不一样的学校，带来不一样的教育。它们在单调的教育底色中呈现出一抹异色，也是一抹亮色。

二、打破教育时间和空间的均质性

从结构上说，均质和同质都构不成有机的共同体，只会走向同一和机械。对于学校这个学习共同体，佐藤学有一个形象的比喻。他说学习共同体“不是像同质的有机体结成板块密集的珊瑚那样的公社，而是每一个人的个性差异各自发挥其独特性、像课堂内外的人们交响的管弦乐团那样的乐队”。②

---

①② 佐藤学．学习的快乐——走向对话 [M]．钟启泉，译．北京：教育科学出版社，2004: 73.

在制度化的学校系统中，时空都在塑造着同质性。学校的作息时间表控制着儿童的学习和生活，这个时间表是均质的天文时间，是线性的、单向的量化时间。“在课堂里所组织的课时是均质化的量化的课时，是单向的、线性式的不可逆的时间。在课堂中，每一个儿童内心所经验的质性时间被舍弃了，在教室墙壁上悬挂的课时表和时钟所显示的细细分割的量化的课时，控制着儿童内心的时间。”①

空间也是均质的、单一的、由教师控制的权力空间，班级授课制将学生固定在同质而机械的空间内。传统的学校是“一种无机的、生硬的、缺乏色彩的，全然丧失了人文情怀、象征意义和探究气息的虚无的空间”。②

在这样的学校系统中，不仅同质化的时空规训着儿童，而且教育的内容与方式也是统一的、计划的，甚至期望培养出来的学生也是同质的。这同效率主义的教育价值取向相对应。

我们要涵养学校的有机性，必须打破教育时间和空间的均质性，改变教育内容和形式的同一性，使得教材、课时、空间和组织形式更加柔软，尽可能地面向每一个个体，提供有弹性和选择性的教育时空，提供丰富和多样的教育内容与路径。

学校是儿童和教师一起栖息的场所，它必须以学习者为中心，以学习为中心。学校应该是一个有色彩、有温度、有触感、有呼吸的有机空间。

三、如何重建学校的异质性

佐藤学发出这样的质疑：“学校，与其说是儿童一起学习成长的场所，

---

①② 佐藤学. 学习的快乐——走向对话 [M]. 钟启泉，译. 北京：教育科学出版社，2004: 40, 349.

不如说是丧失欢乐、丧失学习伙伴，也丧失自身的场所更为妥当吧？学校与其说是形成学习的亲和、实现民主主义的场所，不如说是发挥着通过排他性竞争，酿造优越感与自卑感，扩大阶级、种族、性别的社会文化差异的场所更为妥当吧？……在这些朴素的质疑的背后，存在着更为根本的问题——儿童为什么必须有学校呢？为什么必须上学呢？学校为什么必须存在呢？”①

学校从来没有像今天这样面临着自身的存在价值危机——学校为什么必须存在？学校究竟是什么样的场所？今日的学校有哪些变异？如何重建学校，学校如何转型？

学校重建和转型的其中一个向路，应该是建设学习共同体，即重建学校的异质性。

从教学来看，学校应该提供多样化的学习资源，以满足不同学生的多样化学习需求。不同的学生有不同的学习节奏，也有不同的学习路径。目前我们正尝试改变教与学的方式，从教学走向学习，开发多样化的学习资源、工具、脚手架，为学生的个别化学习服务。

与之相适应的改变是重建时空的异质性，为学生提供更大的时间和空间的弹性。在青岛中学，刻板的统一时间表被打破了，六年级以上每个学生的课表都是不一样的，学生根据自己的情况自由选择课程及作息时间。每个学期都有两周的小学段，学生自主规划学习安排。刻板的相对封闭的空间也被打破了，青岛中学没有统一的行政班级，不同学科均有自己的学科教室，配有相应的学科资源。学校有大量的非正式学习空间，让学习随时发生。

① 佐藤学. 学习的快乐——走向对话 [M]. 钟启泉，译. 北京：教育科学出版社，2004: 77.

统一的时空被打破以后，人与人之间的关系也从单一走向多维。学校没有了行政班级后，师生以自律性重建彼此的权力关系与责任关系；学生按照不同的课程和不同的社团组织起来，重新建构同学关系和自我归属感，重新建构起个体与个体相连接的网状人际关系，每个人都成为连接点的中心。教室里的讲台没有了，讲台撤除后，中心消失了，中心也就遍布在教室的每一个角落。在这样非均质的时空中，学校具有更大的开放性和包容性，学生个体的多样性成长得以实现。